DE

L'ADOPTION

THÈSE

POUR LE DOCTORAT

LYON

IMPRIMERIE ET LITHOGRAPHIE DE BAJAT FILS
Cours de Brosses, 9 (Guillotière)

1858

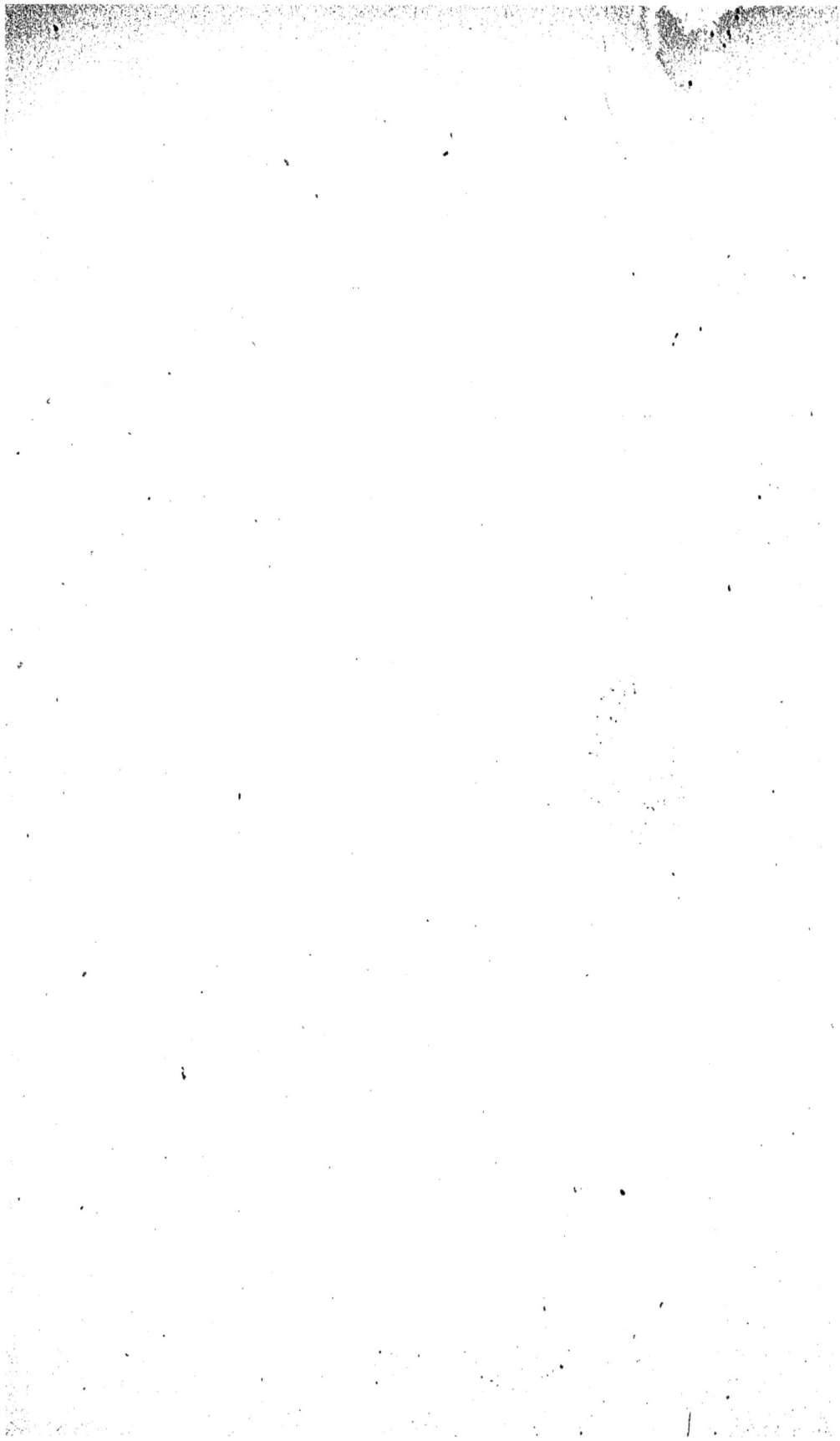

UNIVERSITÉ DE FRANCE. — ACADÉMIE DE GRENOBLE.

DE

L'ADOPTION

THÈSE POUR LE DOCTORAT

SOUTENUE DEVANT LA FACULTÉ DE DROIT DE GRENOBLE

le mercredi 17 février 1858, à deux heures et demie du soir

PAR

L. TRAHAND

De Baron (Saône - et - Loire).

C'est dans les rapports de l'état de famille, et dans
les affections qui naissent à chaque instant de
cette source intarissable, que l'homme a toujours
été puiser l'idée du seul et vrai bonheur dont il
lui a été accordé de jouir.
(Rapport du tribun Perreau).

LYON

IMPRIMERIE ET LITHOGRAPHIE DE BAJAT FILS

Cours de Brosses, 9 (Guillotière)

1858

©

INTRODUCTION.

CONSIDÉRATIONS GÉNÉRALES. — HISTORIQUE DE L'ADOPTION
JUSQU'AU CODE CIVIL. — LÉGISLATION TRANSITOIRE.

La famille, en remontant aux époques les plus reculées de l'histoire, a toujours été, chez tous les peuples et dans toutes les législations, l'objet d'une sollicitude spéciale dans son organisation, dans son maintien et sa perpétuité. En effet, l'organisation de la famille est la base de l'existence de la Société et des nations; mais à côté de ces grandes considérations sociales et politiques qui ont préoccupé le législateur, il en est une autre qui n'a pas moins attiré son attention: ce sont les agréments et les jouissances de la vie intérieure de famille; il faut à l'homme mûr quelqu'un sur qui reposent ses espérances, à la vieillesse une personne sur laquelle

elle reporte ses affections et à tous un être dans lequel on voit d'avance s'opérer la transmission du nom, de la personne et de la fortune. Un enfant seul peut être l'objet de ces jouissances et de ces consolations. Fallait-il en priver ceux auxquels la nature ou des circonstances particulières de la vie ont refusé des enfants? La loi, guidée par un sentiment d'équité, est venue à leur aide en créant dans l'adoption un moyen de les remplacer.

Prenant son origine dans les considérations que nous venons d'indiquer et aussi quelquefois dans des considérations politiques, l'adoption a été pratiquée à peu près dans tous les temps et chez tous les peuples, modifiée et mise en rapport avec les mœurs, les lois et les idées religieuses des diverses époques et des diverses nations (1). Nous en trouvons des traces chez les Hébreux et chez les Égyptiens : Sara avait dit à Abraham : « Je suis stérile, prenez Agar ma servante et ses enfants seront les miens » *ex illa suscipiam filios* (2). Moïse fut adopté par la fille de Pharaon et Esther le fut par Mardoché (3).

Nous la trouvons également en pratique dans la

(1) Nouveau Denisart, v. Adoption I.
(2) Genèse, c. 16, v, 2.
(3) Esther, c. 2. v. 7. — Deut., c. 25. v. 6. — Ruth, c. 4.

Grèce ancienne (1). Périclès adopta après la mort de ses fils l'enfant naturel qu'il avait eu de la belle courtisane Aspasie.

Mais c'est dans la législation romaine où nous la trouvons organisée sur des bases larges et solides comme celles sur lesquelles s'appuyaient toutes les institutions de ce peuple qui a su, autant par ses lois que par ses conquêtes et sa politique, atteindre l'apogée du génie et de la gloire, sans savoir toutefois s'y maintenir. Cette institution tomba en désuétude avec le pouvoir qui l'avait organisée.

On en rencontre encore des traces dans la Gaule et dans la France ancienne : Luitprand adopta Pepin en lui coupant les cheveux et Alaric devint père adoptif de Clovis en lui coupant la barbe comme signe de dépendance (2). En 672, Sigebert adopta Childéric, fils de Grimoald, et un capitulaire du roi Dagobert porte que tout homme qui n'aura pas d'enfant pourra, avec la permission du monarque, adopter telle personne qu'il voudra pour son héritier. On en retrouve les dispositions dans

(1) Traduction latine des lois de Solon, par Samuel-Petit, l. 2. t. 4. édit. de 1635, p. 10, 140 et 145. — Discours de Démosthène: *Pro macartato et in Lescharem.*
(2). M. Michelet, Origine du droit français, p. 10 et suiv.

un capitulaire de Louis et de Charles-le-Chauve (1). Mais le système féodal une fois établi, l'adoption devait bien vite cesser; elle était, en effet, contraire aux droits éventuels des seigneurs sur les fiefs, et ces derniers avaient dès lors intérêt à la faire disparaître (2).

L'adoption n'était pas reçue dans le droit coutumier (3); toutefois la coutume de Saintonge autorisait une adoption qui n'était autre qu'une sorte d'institution d'héritier ou d'affiliation donnant le droit de succéder par tête avec les autres enfants (4). L'hôpital de la charité de Lyon avait le droit d'adopter les enfants abandonnés depuis l'âge de sept ans jusqu'à celui de quatorze, d'exercer sur eux la puissance paternelle et de leur succéder à défaut de frères et sœurs (5). L'hôpital du St-Esprit, à Paris, avait le même droit (6).

Depuis près de six siècles l'adoption était tombée dans l'oubli lorsqu'arriva la révolution de 1789 appelée à régénérer la France par les grandes institu-

---

(1) Lindembroge, p. 1012, 1. 6. n° 207.
(2) Merlin, v. Adoption § 3.
(3) Denisart, v. Adoption § 3. — Bacquet, Droit d'aubaine, part. 3, ch. 4. — Massuer, *Pratica forensis* tit. VI n° 28.
(4) Merlin, loc. cit. § 1.
(5) Merlin, loc. cit. § 4.
(6) Denisart, loc. cit. n° 19.

tions dont elle jeta les bases. Parmi les idées libé-
rales qui purent alors se manifester au grand jour,
on vit surgir celle de l'adoption qui avait joué un si
grand rôle dans les anciens temps, surtout à Rome,
et qui était réclamée comme un bienfait dont on
devait doter le pays. Dans la séance du 18 janvier
1792, Rougier-Labergerie fit à l'Assemblée nationale une proposition ainsi conçue : « Tous les peu-
» ples libres ont eu des lois sur l'adoption ; nous
» devons au moins nous occuper d'examiner si elles
» sont conciliables avec nos mœurs. Je demande
» que le Comité de législation comprenne dans ses
» lois générales un plan sur l'adoption. » Dans la
même séance fut rendu le décret suivant : « L'As-
» semblée nationale décrète que son comité de lé-
» gislation comprendra dans ses lois générales un
» plan sur l'adoption. »

Le principe de l'institution une fois admis, il
s'agissait de le réglementer. Un chapitre spécial qui
en traitait dans le projet du Code civil, fut soumis
au Conseil d'État et discuté dans diverses séances
du mois de frimaire an X. Deux opinions furent
mises en présence sur le principe de cette institution : l'une voulant en faire une institution de
droit civil, c'était celle des jurisconsultes ; l'autre,
et c'était celle du premier consul, voulant qu'elle
fût considérée comme un sacrement politique, devant être conféré par les plus hauts pouvoirs de

l'État. Déjà, sans doute, Napoléon rêvait le pouvoir souverain, et à défaut d'enfant que la nature semblait vouloir lui refuser, il pensait pouvoir, par l'adoption, se créer un héritier de son choix. Cette dernière opinion fut plus tard abandonnée et l'adoption a été admise dans notre législation comme création du droit civil (1). Ce sera donc en nous appuyant sur ce principe que nous aurons à en faire l'examen.

Il est bon de jeter un coup d'œil sur la législation intermédiaire de 1792, à la promulgation du Code civil. Le décret du 18 janvier 1792 avait admis le principe de l'adoption sans en régler les conditions, les formes et les effets : en présence de la latitude qui était donnée, beaucoup d'adoptions furent faites par des particuliers. La Convention elle-même avait adopté la fille de Michel Lepelletier ; un décret du 15 brumaire an II avait déclaré appartenir à la République les enfants en bas âge dont les père et mère avaient été frappés de jugements emportant la confiscation de leurs biens. Quel devait être le sort de ces actes ? les infirmer, les soumettre aux dispositions de la loi nouvelle, c'eût été faire de la rétroactivité, les valider tous

(1) Les détails de la discussion se trouvent dans Locré, Législation civile, commerciale et criminelle de la France, T. VI, p. 358 à 666.

indistinctement, eût été sanctionner peut-être des abus criants. Une loi transitoire du 25 germinal an XI, prit un moyen terme ; l'article premier qui en contient l'essence est ainsi conçu : « Toutes » adoptions faites par *acte authentique*, depuis le » 18 janvier 1792 jusqu'à la publication des dispo-» sitions du Code civil relatives à l'adoption, seront » valables, quand elles ne seraient accompagnées » d'aucune des conditions depuis imposées pour » adopter et être adopté. » Les articles suivants apportent quelques légères modifications à ce principe auquel, du reste, la jurisprudence a donné une large extension. Nous ne faisons qu'indiquer sans développement cette législation transitoire dont l'application est devenue de plus en plus rare.

Tel est l'historique de l'adoption qui fait l'objet de ce travail. Nous allons commencer par l'étudier au point de vue du droit romain et ensuite nous l'examinerons au point de vue de la législation moderne et des principes posés dans le Code civil.

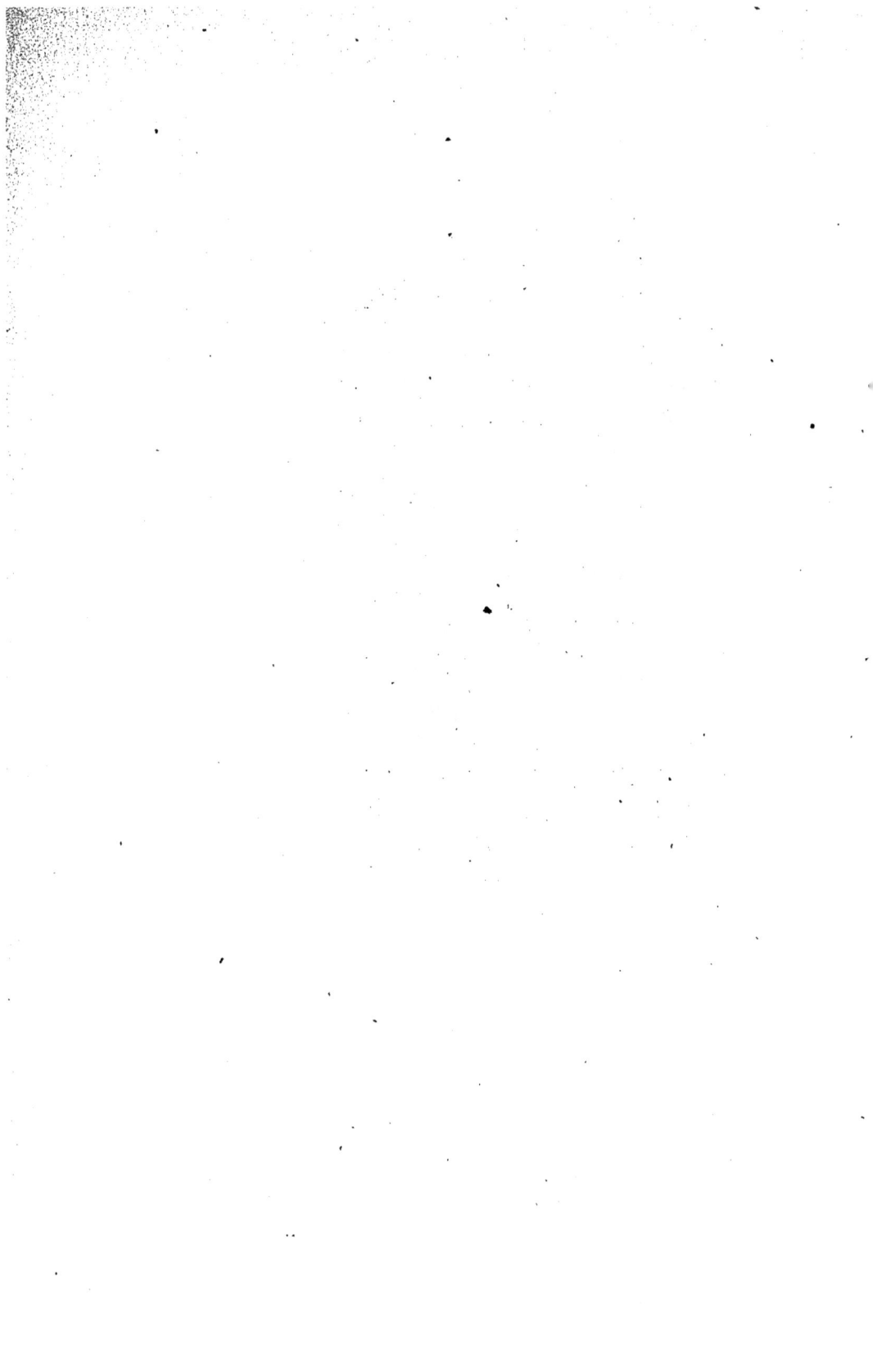

PREMIÈRE PARTIE.

DROIT ROMAIN.

ORIGINE DE L'ADOPTION. — DÉFINITION. — DIVISION.

L'adoption se classe parmi les anciennes institutions de Rome où elle était fréquemment en usage. Heineccius l'attribue à trois causes (1) : la première, le désir d'empêcher la famille de s'éteindre ; on sait, en effet, quel culte on avait à Rome pour les Dieux Lares et les choses sacrées et quel soin on mettait à les conserver : *ne lares et sacra interirent.* On voit dans l'histoire plus d'une famille puissante près de s'éteindre faute d'enfants, être ravivée par une adoption (2).

La seconde, un moyen d'échapper aux incapacités prononcées par les lois caducaires contre ceux qui n'avaient pas d'enfants ou de profiter des avantages dont jouissaient ceux qui en donnaient à la patrie. Mais cette fraude fut réprimée sous Néron ; un

---

(1) Hein., Antiq. Rom., tit. 1, §§ 1, 2, 3.
(2) Aul. Gell, 8, 19.

senatus-consulte déclara que les adoptions ne
donneraient pas les avantages attachés à la paternité (1).

La troisième, la possibilité pour les patriciens, en
se faisant adopter par les plébéiens, d'être appelés
aux charges réservées à ces derniers.

Ces diverses causes avaient à peu près cessé sous
Justinien ; depuis longtemps les lois caducaires
étaient tombées en désuétude, les castes, les privi-
léges avaient disparu et le droit primitif sur la
constitution et les éléments de la famille avait
subi des modifications (2).

L'adoption, considérée au point de vue de son
institution originaire, est un acte légitime ayant
pour but d'introduire une personne dans sa famille
et d'acquérir sur elle la puissance paternelle. Ce
n'est que comme d'un acte produisant la puissance
paternelle que Gaius, Ulpien et les Institutes traitent
de l'adoption. Cette institution se lie à la famille
dont la base était la puissance (la *patria potestas*)
du chef de famille.

On distingue deux espèces d'adoption : l'adoption
proprement dite qui s'applique aux personnes *alieni
juris* et celle des personnes *sui juris* qui prend le
nom d'adrogation. Nous traiterons dans deux cha-

---

(1) D. de Vacat., l. 2, § 2. — Tac. Ann., lit XV, 19.
(2) D. h. t. l, l. 35. — D. *Ad Municip.* l. 3, l. 15, § 3, l. 17, § 0. —
C. h. t. l, I, Const. 7.

pitres séparés des conditions, des formes et des effets de ces deux espèces d'adoption, et dans un chapitre troisième, nous examinerons quelques adoptions particulières.

On ne doit par perdre de vue que pour étudier le droit romain, il faut considérer qu'il s'agit d'un droit mort; il faut faire abstraction de notre temps pour vivre à l'époque où il a vécu; il faut oublier un moment nos idées modernes pour nous reporter en arrière de près de vingt siècles, nous identifier avec les principes d'un droit qui sont souvent contraires à l'équité, à la raison même, surtout en ce qui a rapport à la famille dont les bases reposent exclusivement sur le droit civil en rejetant toute considération du sang et de la nature. Nous aurons alors une étude plus facile, des principes moins arides à comprendre et à développer.

CHAPITRE PREMIER.

De l'Adoption.

§ I.ᵉʳ CONDITIONS.

Les conditions exigées pour l'adoption sont en rapport avec les principes du droit romain et avec ceux qui ont trait spécialement à la matière qui nous occupe.

Tout homme marié ou non pouvait adopter ; mais les femmes ne le pouvaient pas; car le but de l'adoption est de faire naître la puissance paternelle qui leur est refusée (1). Ce ne fut que plus tard et dans des cas particuliers, comme nous le verrons plus loin, que cette faculté leur fut accordée. Mais elles pouvaient être adoptées comme les hommes (2).

Il fallait, le consentement réuni de celui qui donnait, de celui qui prenait et de celui qui était donné en adoption (3). Cependant de la part de ce dernier, il suffisait qu'il n'y eût point d'opposition (*eo qui adoptatur non contradicente*) (4) ; d'où il suit que

---

(1) Ulp. VIII, § 9. — Gaïus I, § 104.
(2) Ulp. VIII, § 8. — Gaïus I, § 101. — Arg. a cont. D. II. t. I. 21.
(3) C. 8. 48. 11.
(4) D. h. t. l. 8.

l'on pouvait donner en adoption même des enfants ne parlant pas encore (1).

Pour adopter, il fallait être citoyen romain et *sui juris;* en outre, il fallait avoir la puberté pleine, c'est-à-dire dix-huit ans de plus que l'adopté (2) ; car bien que l'adoption, comme la famille ne suivît pas à Rome les lois de la nature, cependant on voulait qu'il y eût comme une fiction de la nature.

On refusait le bénéfice de l'adoption à ceux qui ne pouvaient engendrer, comme les castrats; ceux qui n'étaient qu'impuissants n'en étaient pas privés (3).

Un aveugle pouvait adopter ou être adopté ; un célibataire le pouvait aussi (4).

On pouvait adopter pour fils ou pour petit-fils (5). Lorsqu'on adoptait quelqu'un pour petit-fils, on pouvait le faire de deux manières : 1° simplement et sans lui désigner aucun membre de la famille pour père (*incerto natus*); 2° en désignant pour son père tel de ses enfants (*quasi ex filio natus*). La différence entre ces deux cas était grande; dans le pre-

---

(1) D. h. t. l. 42, fr. Mod.
(2) I. h. t. § 4. — D. h. t. l. 40, § 1.
(3) Ulp. VIII, § 6. — Gaïus, 1, § 103. — I. h. t., § 9. — D. h. t. l. 40, § 2.
(4) Ulp. VIII, § 6. — D. h. t., l. 9.
(5) Ulp. VIII, § 7. — I. h. t. § 5. — D. h. t. l. 15, § 1. — C. 37, pr. l. 43.

mier, l'adopté entrait dans la famille comme un petit-fils dont le père serait déjà mort ; il n'était que le neveu de tous les fils de l'adoptant; à la mort du père de famille, il devenait *sui juris* et par conséquent héritier sien. Dans le second cas, l'adopté entrait comme petit-fils du chef de famille et comme fils de celui de ses enfants qu'on avait désigné ; à la mort du chef, il ne devenait point libre, mais il retombait sous la puissance et dans la famille de celui qu'on lui avait désigné pour père, et c'était par rapport à celui-là qu'il devenait héritier sien. Il y avait donc réellement deux adoptions dans une, et il fallait le consentement des deux adoptants, l'aïeul et le père (1).

Un père pouvait adopter son fils naturel (2) qu'il avait émancipé, parce qu'alors étant sorti de sa puissance, il lui était étranger (3). Il en était de même des petits-fils. Cependant on ne pouvait adopter l'enfant adoptif que l'on avait émancipé ou donné en adoption (4).

Une constitution d'Anastase avait permis l'adoption d'un enfant naturel (issu d'un concubinat);

---

(1) l. h. t., §§ 6 et 7. — D. h. t. l. 6, l. 11.
(2) *Naturalis* opposé à *adoptivus* signifie enfant légitime et non pas enfant issu d'un concubinat.
(3) D. de lib. et posth. XXVIII, 2, l. 23. pr.
(4) D. h. t. l. 37, § 1.

mais Justin abrogea cette adoption, et Justinien confirma cette abrogation (1).

Il n'était pas nécessaire que l'adoption se fît comme l'adrogation, en connaissance de cause (*causâ cognitâ*). Le consentement du père de famille de celui qui était donné en adoption, donnait toute garantie par l'intérêt qu'il devait porter à ce dernier (2).

L'adoption d'un esclave n'était point permise ; mais le nom de fils donné par un maître à son esclave, suffisait pour conférer la liberté à ce dernier (3).

§ II. FORMES.

Les formes suivies pour l'adoption ont subi les modifications apportées dans le droit primitif; nous allons les examiner aux diverses époques de la législation romaine.

Cette institution se liait à l'ordre public comme intéressant la cité ; en effet, par l'adoption (employée comme terme général), un de ses membres, un de ses chefs de famille peut-être, était absorbé et transporté dans une autre famille: or, les cons-

---

(1) C. de nat., lib. V. 27. l. 1, l. 5, l. 6, l. 7. — Nov. 74, C. 3. — C. 7, nov. 89.

(2) Zimm. Geschichte, § 222. — Vangerow, Leitfaden, § 249.

(3) Ulrich, § 12 — Heinecc. top. c. 2.

2

titutions aristocratiques et patriciennes, telles que
celles de Rome ne permettent pas facilement cette
altération des familles; ces membres nouveaux
donnés, enlevés à l'association ou modifiés dans
leur situation, il faut que la cité y consente, ou tout
au moins qu'elle y concoure. C'est la cité, c'est la
corporation qui consent à l'absorption d'un de ses
membres dans une autre famille et elles seules par
une loi curiate peuvent faire l'adoption.

Mais plus tard, des moyens fictifs et détournés
viennent conduire au même résultat, avec moins de
difficultés; *la vindicta*, l'*injure cessio*, fournissent
le moyen de faire des affranchissements sans atten-
dre le recensement et sans l'inscription du cens; la
mancipation fictive du patrimoine, de l'hérédité à
venir, conduira à une sorte de testament indirect
(*testamentum perœs et libram*); ainsi des mancipations fictives conduiront à rendre un fils libre de la
puissance paternelle et chef de famille avant la mort
de son père, pouvoir que le droit primitif ne donnait pas au père; enfin ces deux formalités combi-
nées: les mancipations fictives et la *vindicta*,
l'*injure cessio*, conduiront lorsqu'il s'agira non pas
d'un chef mais d'un fils de famille à une sorte d'a-
doption dans laquelle on se passera du concours du
peuple.

D'après la loi des douze Tables, lorsqu'un père
de famille avait usé trois fois de la mancipation
envers son fils mâle au premier degré, il perdait sur
lui sa puissance paternelle; une mancipation suffi-

sait pour les filles et les descendants (1). Ce mode était suivi pour arriver à l'adoption. Le père naturel, le fils et l'adoptant se présentaient devant le magistrat; le père faisait, en l'accompagnant ordinairement de la clause de fiducie, la mancipation de son fils en faveur de l'adoptant; ce dernier, par suite de cette clause de fiducie, devait l'affranchir et l'affranchissement avait pour effet de faire retomber le fils *in mancipio* du père naturel. A la troisième remancipation, le fils se trouvait définitivement libéré de la puissance paternelle. Alors intervenait de la part de l'adoptant la vindication par la formule: *aio hunc hominem meum esse* et le père naturel ne contredisant pas, le magistrat déclarait que l'enfant appartenait à l'adoptant (2). Voilà pourquoi on disait que l'adoption se faisait devant les magistrats, devant qui on pouvait intenter les actions de la loi, comme les préteurs, les consuls, les présidents (3).

Ce mode était suivi dans les provinces comme à Rome pour tous les adoptés sans distinction d'âge ni de sexe (4).

------

(1) Gaïus I, § 132. — Ulp. X § 1, id enim XII tabularum jubet his verbis; si pater filium ter venumduit, filius a patre liber esto. — Vid. Ort. hist. du droit p. 89. et expl. des inst. h. t.

(2) Gell, V. 19. — Heinn. ant. rom. lib. 1. tit. 11, §§ 15 et 16. — Zimm. Geschichte, § 221.

(3) Aul. Gelle, 5, 19. — Sueton in aug. 64. — Ulp. VIII, §§ 2 et 3. — Gaïus I § 98 et 99. — I. h. t. § 1. — D. h. t. l. 4., l. 36 pr. et § 1.

(4) Gaïus I, §§ 98 à 102. — Ulp. VIII, §§ 4 et 5. — D. h. t. l. 36, § 1.

20

Justinien fit disparaître toutes ces formes embarrassantes du vieux droit quiritaire ; le père naturel, l'adoptant et l'adopté se présenteront simplement devant le magistrat compétent qui dressera acte de leur consentement : il suffira même de la part de l'adopté qu'il n'y ait point d'opposition (1).

§ III. EFFETS.

Les effets produits par l'adoption durent comme tout ce qui touchait au droit, subir les modifications apportées par le progrès et la raison aux principes du droit quiritaire. Nous allons examiner ces effets en faisant ressortir les modifications y apportées par Justinien. Tous se rapportent aux droits et aux intérêts de la famille.

L'effet direct et principal de l'adoption était de faire passer un fils d'une famille dans une autre ; d'éteindre sur lui la puissance paternelle de celui qui donnait en adoption pour la transmettre au chef qui adoptait (2). Ce changement de famille faisait subir à l'adopté la petite diminution de tête (3).

L'adoption faisait entrer l'adopté comme agnat dans sa nouvelle famille ; mais les droits de cogna-

---

(1) D. h. t. l. 8, l. 23, § 1, l. 20. — C. 8, 48, 11.
(2) Ulp. VIII, § 1. — Gaïus, 1, § 97. — I. h. t. pr. — D. h. t. l. 1. pr.
(3) Savigny, traité du droit romain, t. 11, app. 6, n. 16, trad. de Guenoux.

tion lui étaient refusés excepté avec les agnats.
L'agnation, en effet, était la famille civile, la seule
que conférait l'adoption (1). Un fils émancipé
pouvait épouser la fille adoptive de son père naturel,
parce que l'émancipation avait brisé les liens d'agnation. Il en était autrement si le fils était sous la
puissance du père ; car alors ils étaient agnats (2).
On pouvait épouser la fille d'une sœur adoptive,
celle-ci étant simplement unie à sa mère par la
cognation, et n'étant dès lors attachée par aucun
lien à la famille de l'adoptant (3).

On ne pouvait épouser une tante ou grand-tante
paternelles, mais cette prohibition ne s'étendait
point aux tantes maternelles (4). Il n'existait aucun
lien entre l'adopté et la mère de l'adoptant, celle-ci
n'étant unie à son fils que par la cognation ; pareil-
lement, les alliés de l'adopté comme sa femme étaient
étrangers à l'adoptant (5). Cependant on ne permettait pas le mariage entre l'adopté et celle qui
avait été femme de l'adoptant ni réciproquement
entre l'adoptant et la femme de l'adopté ; on les

---

(1) D. h. t. l. 23. — D. unde Cogn. XXXVIII, 8, l. 1, § 4. — D. de
grad. et off. XXXVIII, 10, l. 4, § 10. — D. de Suis et leg. 38, 10, l. 2,
§ 3.

(2) Gaïus l. § 61 — I. de Nupt. 1, 2. — D. de ritu Nupt. 23, 2 l. 17
pr.

(3) D. loc. cit. l. 12, § 4.

(4) I. de nupt. l. 3. — D. h. t. l. 17, § 2.

(5) D. h. t. l. 23.

considérait, la première comme marâtre de l'adopté et la seconde comme belle-fille de l'adoptant (1).

L'adopté prenait le nom de l'adoptant en conser-yant le sien transformé en adjectif par la terminaison *ianus*; Scipion Emilien entrant par adoption dans la famille Cornélie, prit le nom de *Cornelius Scipio Emilianus*; Jules Octave, adopté par César, celui de *Julius Cesar Octavianus* (2). Les adoptions, dit Cicéron, entraînent le droit de succéder au nom, aux biens et aux dieux domestiques (3).

L'adoption produisait des effets remarquables en ce qui concernait les droits de succession; sortant de sa famille naturelle, l'adopté y perdait tous ses droits d'hérédité qu'il acquérait dans sa nouvelle famille dans laquelle il n'était toutefois que comme agnat. Ces effets subirent les changements successifs apportés dans les droits de succession par le droit prétorien, le droit impérial et le droit Justinien.

Après l'adoption, les enfants que l'adopté avait en mariage légitime tombaient sous la puissance de l'adoptant (4). Il n'en était pas de même de ceux nés avant l'adoption; ils étaient comme petit-fils sous la puissance du père naturel de l'adopté (5).

L'émancipation du fils adoptif différait dans ses

---

(1) D. de rit. nupt. 23, 2, 1. 14, pr. § 1.
(2) Hein. ant. rom. I. tit. II, § 10 — Ortolan, hist. du droit, p. 283.
(3) Cic pro dom. 13, § 35.
(4) D. h. t. 1. 27.
(5) D. h. t. 1. 40, pr.

effets de celle du fils naturel. Ce dernier conservait les biens et les droits de cognation ; le premier uni seulement par l'agnation, se trouvait entièrement étranger lorsqu'elle était rompue.

Justinien apporta de notables changements aux principes que nous venons de parcourir ; il voulut remédier aux conséquences fâcheuses qu'ils entraînaient ; en effet, d'après le droit primitif, l'enfant sortant de la famille paternelle y perdait ses droits ; s'il était ensuite renvoyé par émancipation de la famille adoptive, il perdait encore ses droits et se trouvait ainsi dépouillé des deux côtés ; les préteurs avaient bien cherché à prévenir cet inconvénient ; mais ils ne l'avaient fait qu'imparfaitement (1), et Justinien voulut le faire disparaître totalement. Il distingua deux cas: 1° celui où un fils est donné en adoption par son père à un étranger *(extraneo)* (par étranger, on entend quelqu'un qui n'est point ascendant) ; 2° celui où il est donné à un ascendant.

Dans le premier cas, l'adoption perd totalement son caractère primitif ; l'enfant ne passe plus sous la puissance paternelle de l'adoptant, il n'entre pas dans la famille adoptive et n'y acquiert aucun droit d'agnation. Tous les effets de l'adoption se réduisent à établir dans les mœurs une sorte de relation fictive de paternité et de filiation entre l'adoptant et l'adopté et à donner à ce dernier un droit de succes-

---

(1) l, 3, 1, 10.

sion *ab intestal* sur l'hérédité de l'adoptant; ainsi
il ne succèdera que s'il n'y a pas de testament; si
l'adoptant en fait un, il sera libre de ne laisser à
l'adopté que ce qu'il voudra; il pourra même ne lui
rien donner. Mais précisément parce que ce dernier
n'entrait pas dans la famille de l'adoptant, il ne
sortait pas de sa famille naturelle et n'y perdait
aucun de ses avantages; d'où il résultait qu'il avait
à la fois sur l'hérédité du père naturel les droits de
fils légitime et sur celle du père adoptif des droits
ab intestat (1). Lorsque le chef de famille avait
donné en adoption non pas son fils mais son petit-
fils, sa petite-fille, ce que nous venons de dire s'appliquait aussi, mais avec quelques restrictions. Si
l'aïeul venait à mourir à une époque où le petit-fils,
la petite-fille ne se trouvaient pas ses héritiers parce qu'ils étaient précédés dans la famille naturelle,
ils conservaient intacts dans la famille adoptive,
quoique étrangère, les droits que donnait jadis
l'adoption (2). Dans le second cas, au contraire,
lorsque l'adoption était faite par un ascendant,
et nous avons vu qu'une pareille adoption peut
avoir lieu, Justinien lui conserve tous ses effets:
la puissance paternelle se trouve comme autrefois
détruite pour celui qui donne en adoption et trans-

---

(1) Voy. Const. 10. C. h. t. — I. h. t. § 2. — I. quib. mod. jus pat.
§ 8. — I. de hœred. quœ ab. int. 3, 1, § 14.
(2) C. 8, 48, 10 § 4.

portée à l'ascendant. Ce dernier étant déjà uni à
l'adoption par les liens du sang, on n'a pas à craindre qu'il l'émancipe sans raison et le dépouille de
son hérédité (1). Tout ceci s'applique aux ascendants
maternels comme à ceux paternels.

CHAPITRE II.

De l'Adrogation.

§ I. — CONDITIONS.

L'adoption prenait le nom d'adrogation lorsqu'elle s'appliquait à une personne *sui juris*. Les
conditions exigées pour l'adoption l'étaient aussi
pour l'adrogation; en outre, elle ne pouvait avoir lieu
qu'en connaissance de cause, c'est-à-dire après examen attentif de l'accomplissement des conditions
exigées. Ainsi, on examinait si l'adrogeant n'avait
pas moins de soixante ans (2); s'il n'avait pas déjà
d'autres enfants naturels ou adoptifs; car on ne devait pas, en général, permettre l'adoption à celui qui
pouvait en avoir ou qui en avait déjà. Cependant,

---

(1) C. 8, 48, 10, § 1. — I. h. t. XI, § 2.
(2) D. I. 7, 15, § 2.

des motifs graves tels qu'une maladie, le désir d'a-
dopter un parent auraient pu en faire obtenir l'autorisation (1).

On prenait en considération la fortune de l'adrogeant et celle de l'adrogé comparée à la sienne (2).
On examinait si c'était une affection honnête qui
faisait agir l'adrogeant (3). Un tuteur ne pouvait
adroger son pupille tant qu'il était en tutelle ou en
curatelle; on exigeait même qu'il eût rendu ses
comptes. Cependant, un motif légitime comme la
parenté, une affection reconnue véritable pouvaient
l'y faire autoriser (4).

Primitivement, les impubères et les femmes ne
pouvaient être adoptés. Nous traiterons d'une manière spéciale de l'adrogation des impubères, et
nous verrons comment elle fut admise. Quant à
celle des femmes, Gaïus nous dit qu'elle n'était pas
permise de son temps; elle ne l'était pas non plus
à l'époque d'Ulpien (5). On ne sait pas au juste à
quelle époque elle fut admise; mais un fragment
du Digeste nous apprend que sous Justinien elle
était permise comme celle des hommes (6).

---

(1) I. h. t. § 4. — D. h. t. l. 15, §§ 2, 3, l. 17, § 3. — Cic. pro dom.
13, 14.
(2) D. h. t. l. 17, § 4.
(3) D. h. t. l. 17, pr. §§ 1 et 2, l. 32, § 1.
(4) Ulp. VIII, § 5. — Gaïus I, §§ 101 et 102.
(5) Ulp. VIII, § 5. — Gaïus 1 §§ 101 et 102.
(6) D. l. 7. 21.

On pouvait adroger son affranchi, mais non un affranchi étranger, parce qu'on ne pouvait léser les droits de patronage (1).

§ II. Formes.

L'adrogation faisait passer sous la puissance d'autrui, un chef de famille avec tous ses biens et toutes les personnes qui lui étaient soumises. La maison dont il était le chef se confondait dans celle de l'adrogeant; il n'était plus inscrit sur le cens comme père de famille, mais seulement comme fils; il perdait ses dieux domestiques et entrait dans les choses sacrées de la nouvelle famille (*in sacra transibat*). L'adrogé acquérait aussi des droits d'hérédité; changements importants pour la cité et pour la religion qui nécessitaient le consentement du peuple et l'approbation du collége des pontifes (2). Aussi l'adrogation resta-t-elle soumise au droit primitif, ne pouvant avoir lieu qu'en vertu d'une loi curiate (*populi auctoritate*). On demandait dans les comices à l'adrogeant s'il voulait prendre un tel pour son fils légitime, à l'adrogé s'il voulait le devenir, au peuple s'il l'ordonnait, et alors, si toutefois le collége des pontifes ne s'y opposait pas,

(1) Ut jura patroni salva manerent, — D. h. t. l. 15, § 3. — D. de bon. lib. 33, 2, l. 49.
(2) Cic. pro dom. 13, § 34.

l'adrogation avait lieu. C'est même de ces diverses interrogations que vient le nom d'adrogation (1). Il est vrai de dire que peu de temps même après les Douze-Tables, à l'époque où les assemblées par curies n'eurent plus lieu que fictivement, cette loi curiate devint une simple formalité ; trente licteurs représentaient les trente curies et, sous la présidence d'un magistrat, donnaient leur adhésion à l'adrogation (2). Cette forme était suivie seulement à Rome (3) ; plus tard, elle fut étendue aux provinces (4).

Mais lorsque les empereurs eurent absorbé à leur profit les pouvoirs du peuple et les charges des pontifes, l'adrogation fut faite par simple rescrit du prince qui ne devait, toutefois, donner son autorisation qu'en connaissance de cause (5).

§ III. Effets.

L'adrogation, comme l'adoption, a subi, aussi dans ses effets, de moins grandes, mais cependant de notables modifications apportées par le temps et la raison au droit civil primitif.

---

(1) Ulp. VIII, §§ 2 et 3. — Gaïus, I, § 98 et 99. — Cic. pro dom. 29.
(2) Ortolan, his. du droit, p. 174.
(3) Ulp. VIII, § 4. — Gaïus, I, § 100.
(4) C. h. t. Con. 6.
(5) I. h. t. § 1. — D. h. t. l. 2 pr. — C. h. t. l. 2, in fine.

Par l'adrogation, l'adrogé cessait d'être chef de
famille et passait sous la puissance de l'adrogeant ;
ses enfants y passaient aussi comme petits-fils; il en
résultait que l'adrogé et ses enfants subissaient la
petite diminution de tête (1). D'après le droit primitif, tous les biens corporels et incorporels de
l'adrogé, toutes ses créances étaient acquis en
pleine propriété à l'adrogeant, à l'exception toutefois des choses qui périssaient par la diminution de
tête, telles que les obligations de service, les droits
d'agnation, l'usage, l'usufruit. Il y avait au profit
du chef de famille qui acquérait le droit de puissance sur ces personnes, acquisition universelle de
tous leurs biens corporels et incorporels, sauf ceux
que leur changement d'état avait détruits (2).

Mais il y avait cette différence entre les créances
et les dettes de l'adrogé, que l'adrogeant devenait
de plein droit par l'adrogation propriétaire des
créances, pouvant personnellement en exercer les
actions, tandis qu'il ne devenait pas obligé aux
dettes et ne pouvait être actionné personnellement
par les créanciers. Le motif de cette différence, c'est
que l'acquisition par l'adrogation n'était pas une
acquisition par véritable succession, mais bien par

(1) Ulp. VIII, § 8. — Gaïus. I, § 107. — Pauli sent. III, 6, § 29. — D.
de cap. min. IV, 5 fr. 3, pr.
(2) Gaïus II, § 98, III, §§ 82 et 83. — I. de suc. per ad. III, 10 §. 1.
D. h. t. l. 15, pr. — Pauli sent. III, 6, §§ 28 et 29. — I. de usuf. 4, —
D. quib. mod. usuf. VII, 4, l. 1. pr.

droit de puissance paternelle; or, les pères pouvaient
acquérir même des créances par les enfants soumis
à leur pouvoir, mais ils ne pouvaient pas être obli-
gés par eux. L'adrogé, de son côté, par la petite
diminution de tête, s'en trouvait personnellement
exonéré; car il devenait une autre personne.

Le droit Prétorien était venu en aide aux créanciers, en leur donnant une action utile, comme si
la diminution de tête n'avait pas eu lieu (1): on
voulait que l'adrogeant ne reçût le bien que *deducto
aere alieno*.

Justinien apporta des changements notables dans
ces effets. L'adrogeant ne fut plus considéré comme
successeur à titre universel des biens de l'adrogé;
ces biens passèrent dans ses mains à titre de pécule
adventice; il n'en eut que l'usufruit et l'administration, le *dominium* en resta à l'adrogé (2).

Les biens restaient pour répondre des dettes et
pour procurer aux créanciers l'exercice de leurs
droits; on leur donnait contre l'adrogé où mieux
contre l'adrogeant au nom de son fils (*nomine filii
circumventus*), une action utile, et faute par lui de
défendre l'adrogé contre cette action, les créanciers
étaient envoyés par le préteur en possession des
biens apportés par le fils et ils les faisaient vendre

---

(1) Gaius, IV, §38.
(2) I. de bon. per ad. III, 10 § 2. — C. de bon. quæ lib. VI, 61, Con. 6.

dans la forme voulue pour la vente des biens du
débiteur par ses créanciers (1).

§ IV. DE L'ADROGATION DES IMPUBÈRES.

Le droit primitif ne pouvait admettre l'adrogation
des impubères ; en effet, l'adrogation faite par les
comices ne pouvait s'appliquer qu'aux citoyens
faisant partie des ces comices (2). Ce fut une constitution d'Antonin-le-Pieux qui permit l'adrogation
des impubères. Justinien l'admit aussi en y appor-
tant des conditions et des effets complémentaires (3).

Outre les conditions que nous connaissons déjà,
on exigeait un examen particulier du motif qui
faisait agir l'adrogeant, s'il était honnête ; considération qui, d'après les mœurs des Grecs et des
Romains, ne doit pas nous étonner. Il fallait aussi
le consentement du tuteur.

En outre, l'adrogeant devait fournir caution pour
la restitution des biens de l'adrogé ; car ce dernier,
conformément aux règles de la puissance paternelle
apportait dans la famille de l'adrogeant tous ses
biens et l'on ne voulait point qu'il les perdît. Or,
il pouvait arriver plusieurs cas : 1° le pupille pouvait mourir avant sa puberté ; 2° il pouvait être

---

(1) Gaïus III, § 81. — I. de suc. per adr. III, 10, § 3.
(2) Aul. Gel. noct. att. 5, 19.
(3) Ulp. VIII, 8. — I. h. t. § 3.

émancipé ou déshérité sans motif avant sa puberté; 3° il pouvait être émancipé ou deshérité avec un juste motif avant sa puberté; 4° il pouvait atteindre sa puberté sans aucun de ces évènements. Dans le premier cas, l'adrogeant, au lieu de garder les biens du pupille, devait les rendre à ses héritiers naturels; dans le second cas, les biens devaient être rendus au pupille lui-même, plus le quart des propres biens de l'adrogeant, parce que ce dernier n'avait pu se faire un jeu de l'adrogation, en émancipant ou déshéritant sans motif. Ce quart se nommait la quarte Antonine, parce qu'Antonin est l'auteur de cette disposition. Dans le troisième cas, l'adrogé reprenait seulement tous ses biens; enfin, dans le quatrième, étant arrivé à la puberté, il pouvait réclamer contre son adrogation, et s'il prouvait qu'elle lui était défavorable, il était émancipé et reprenait tous ses droits; s'il ne réclamait pas, ou si la réclamation était rejetée, l'adrogation se trouvait confirmée et produisait ses effets ordinaires. C'était pour assurer l'exécution de ces conditions que l'adrogeant était tenu de fournir caution (1).

Tout ce que nous avons dit du fils, s'applique aussi à la fille impubère (2).

---

(1) Voy. I. h. t. § 3. — D. h. t. l. 18, l. 19. — C. h. t. Con. 2. — l. de suc. per adr. III, 10, § 3. — D. h. t. l. 22, pr. § 1
(2) D. h. t. l. 20.

CHAPITRE III.

Nous allons, dans ce chapitre, nous occuper de quelques adoptions particulières qui feront l'objet des trois paragraphes suivants.

§ I. DE L'ADOPTION PAR LES FEMMES.

L'adoption n'était point permise aux femmes; car elles ne pouvaient avoir la puissance paternelle même sur leurs propres enfants (1). Cependant, les empereurs Dioclétien et Maximien avaient permis l'adoption à une mère pour la consoler de la perte de ses enfants (2). Justinien en ordonna le maintien; mais elle ne pouvait avoir lieu que par un rescrit du prince et dans le cas seulement de perte des enfants (3).

Cette adoption n'engendre ni la puissance paternelle, ni les droit d'agnation; mais elle produit entre la mère et l'enfant adoptif les mêmes liens que ceux existant entre la mère et ses enfants propres (4). Ainsi, le fils adoptif sera non seulement héritier

---

(1) Ulp. VIII, § 6. — Gaïus I, § 104.
(2) C. h. t. Con. 5.
(3) I. h. t. § 10.
(4) C. 8, 48, 5.

ab intestat, mais il sera même héritier réservataire de sa mère adoptive et pourra attaquer le testament inofficieux par elle fait. S'il vient à mourir, elle sera appelée à sa succession. On appliquera au surplus pour l'un et pour l'autre les dispositions des sénatus-consultes Tertulien et Orphitien complétés par la législation Justinienne.

§. II. DE L'ADOPTION PAR TESTAMENT.

On trouve, non pas chez les jurisconsultes, mais dans les historiens, des traces d'une adoption par testament (1). Le testament seul ne suffisait pas ; il fallait que la disposition fût ratifiée par un plébiscite. Ce fut ainsi que Jules César adopta Octave. Du reste, cette adoption ne pouvait produire de puissance paternelle, puisque l'adoptant était mort ; elle donnait seulement des droits de succession, comme si cette puissance avait eu lieu. Ce mode, suivi à ce qu'il paraît vers le temps de la République, était depuis longtemps tombé en désuétude lors des recueils de lois de Justinien qui n'en fit conserver aucun fragment.

---

(1) Suet. tib. c. 6. — Id. Galba, c. 17. — Taciti ann. V. I. — Cic. de off. III, 18. — App. belli civ. 3, 14, 94.

§ III. DE L'ADOPTION ENTRE TROIS ENFANTS MÂLES.

On trouve aussi des vestiges d'une adoption dite *ex tribus maribus*; il paraît que lorsqu'un père de famille ayant trois enfants mâles, en donnait un en adoption, cette adoption prenait le nom de *ex tribus maribus*. Il existait un senatus-consulte Sabinien qui disposait que l'adoptant était obligé de laisser le quart de ses biens à celui qu'il avait ainsi adopté entre trois enfants mâles, et s'il ne lui laissait pas le quart, le sénatus consulte lui donnait lui-même une action pour en poursuivre la délivrance contre ses héritiers (1). On voit l'intention de ce senatus-consulte; il voulait mettre l'enfant adopté entre trois mâles à l'abri des évènements qui, après lui avait fait perdre par suite de l'adoption ses droits de succession dans sa famille naturelle, pouvaient encore lui faire perdre les mêmes droits dans la famille adoptive s'il en était renvoyé ou s'il en était exhérédé. Mais pourquoi ce privilège reservé à l'enfant adopté entre trois mâles? C'est ce qu'il est assez difficile d'expliquer. Peut-être cette disposition n'est-elle pas étrangère aux lois papéiennes. Les effets particuliers de cette adoption ont disparu sous Justinien (2); ce privilège n'avait plus de raison

___

(1) l. de hæred. ab int. III, t, § 14. — Paraphrase de Théophile, id.
(2) C. h. t. Con. 10, § 3.

d'être, en présence du nouveau système admis à cette époque pour les effets de l'adoption.

Tels sont, au point de vue du droit romain, les principes, les conditions, les formes et les effets de l'adoption. Nous allons voir, en étudiant cette institution au point de vue de notre législation, quelles profondes différences la séparent de l'adoption romaine. Mais si les mœurs, les institutions de notre époque, repoussent comme contraires à l'équité, à la raison et à la nature, les principes et les conséquences du droit quiritaire, on est forcé, en tenant compte du temps et des circonstances qui ont amené le progrès et le développement des idées, de reconnaître combien était profonde la science du droit chez les Romains, quels développements elle avait acquis, et avec quelle logique elle arrivait à ses déductions.

DEUXIÈME PARTIE.

DROIT FRANÇAIS.

DÉFINITION. — DIVISION.

Nous venons de parcourir les dispositions de la législation romaine sur l'adoption ; nous allons maintenant examiner cette institution au point de vue de la législation moderne et des principes du droit civil.

On peut définir l'adoption un contrat solennel sanctionné par la justice (et dans un seul cas un testament), qui, prenant sa source dans un sentiment d'affection ou de reconnaissance, se manifeste par un acte de bienfaisance d'un degré le plus élevé, en créant entre deux personnes des rapports analogues à ceux résultant de la paternité et de la filiation. C'est une création du droit civil qui touche à la morale et à l'état social, soit par l'effet qu'elle pourrait avoir d'inviter au relâchement des mœurs et à l'éloignement du mariage en donnant la faculté de se créer, d'une manière fictive, les douceurs de la paternité et de la famille ; soit par le changement qu'elle apporte dans l'état de la personne. Aussi, est-elle, comme nous le verrons, soumise à l'approbation de la Société représentée par la justice.

La famille romaine était essentiellement basée sur le droit civil, droit que nous avons vu établi *contra rerum naturam*; aussi l'adoption suivait-elle les mêmes principes. Chez nous, la famille est aussi réglementée par la loi civile, mais les principes de la loi étant basés sur ceux de la nature, ceux-ci ont passé dans l'adoption: on doit donc lui appliquer, avec juste raison, un principe qui semble avoir guidé nos législateurs français et que l'on trouve quelquefois adapté, mais à tort, au droit romain : *adoptio imitatur naturam*. Il suffit d'examiner les principes, les conditions et les effets de cette institution, à Rome et chez nous, pour reconnaître ce qu'il y a de vrai dans l'application que nous faisons de ce principe.

L'adoption peut être divisée en deux espèces : adoption de droit commun et adoption privilégiée ; sous un autre point de vue on la distingue en adoption entre-vif et en adoption testamentaire. La première se subdivise en ordinaire et en remunératoire. Nous allons examiner chacune d'elles dans les conditions, les formes qu'elles exigent, et les effets qu'elles produisent. Dans un premier chapitre, nous traiterons de l'adoption entre-vif, soit ordinaire, soit rémunératoire ; un second comprendra la tutelle officieuse et l'adoption testamentaire ; et un

chápitre spécial sera consacré à l'examen de questions importantes se rattachant à cette matière.

------◆------

CHAPITRE PREMIER.

De l'Adoption entre-vif.

PREMIÈRE PARTIE.

DE L'ADOPTION ORDINAIRE.

§ I. CONDITIONS REQUISES POUR L'ADOPTION.

L'adoption étant une institution d'une nature
toute spéciale, a dû être soumise aussi à des conditions particulières qui sont exigées tant de la part
de l'adoptant que de la part de l'adopté. La première
est le consentement des deux parties sans lequel
aucun contrat ne saurait exister. Quelques unes
sont spéciales à l'adoptant, d'autres à l'adopté.

La loi requiert du côté de l'adoptant : qu'il soit
âgé de cinquante ans accomplis et qu'il ait au moins
quinze ans de plus que la personne qu'il se propose
d'adopter (Art. 343). A cet âge, il a passé l'époque
où la Société le convie au mariage ; d'un autre côté,

il fallait que l'adopté fût moins âgé, pour qu'il eût à son égard tout le respect, toute la déférence auxquels il a droit, et aussi pour qu'il y eût une fiction de la réalité. L'adoptant n'a pas besoin d'obtenir le consentement de ses père et mère s'il les a encore. La loi ne l'exige point, et il n'est pas permis de suppléer à son silence. Son âge le met hors de toute tutelle ; l'adoption, au surplus, ne crée aucun lien de parenté entre l'adopté et les parents de l'adoptant.

Qu'il n'ait à l'époque de l'adoption, ni enfants légitimes ou légitimés (art. 343). Il trouve, en effet, dans ceux-ci toutes les douceurs des sentiments d'affection que la loi a voulu lui donner dans l'adoption, et ne serait-il pas à craindre qu'un père de famille eût recours à l'adoption comme moyen indirect d'exhéréder ses enfants. On doit considérer comme enfant légitime, l'enfant simplement conçu au moment de l'adoption ; car il est censé existant chaque fois qu'il s'agit de ses intérêts ; mais il faut qu'il soit né viable. Les effets de la conception doivent être appréciés d'après les règles posées par les art. 312 et 313 du Code civil et au jour du contrat. L'existence d'enfants naturels n'est point un obstacle à l'adoption. La légitimation postérieure à l'adoption d'un enfant naturel né où conçu auparavant ne pourrait préjudicier à l'adoption ; l'enfant légitimé a les mêmes droits que s'il était né du mariage qui l'a légitimé ; or, le mariage étant postérieur à l'adoption, les enfants qui en naîtraient ne pourraient annuler l'adoption, la légitimation n'ayant pas d'effet rétroactif. La naissance de l'enfant légitime conçu après l'adoption ne la révoquerait point. Que devrait-on décider si l'adoptant avait un enfant présumé ou déclaré absent ? Il nous semble que l'adoption ne pourrait avoir lieu, tant que le décès de l'enfant ne serait pas établi ; et, si nonobstant l'incertitude du décès, l'adoption avait été consommée, la preuve de l'existence la ferait annuler ; mais elle subsisterait dans tous ses effets jusqu'à cette preuve.

Qu'il obtienne s'il est marié, le consentement de son conjoint (art. 344), sans égard de différence entre le mari et la femme, et sans que la justice puisse suppléer à ce consentement.

Qu'il ait fourni des secours et donné des soins non interrompus à l'adopté dans sa minorité, pendant six ans au moins (art. 345), afin que le contrat prenne naissance dans une affection sincère, éprouvée, et non dans un moment de caprice. La loi ne détermine pas la nature de ces soins, elle en laisse l'appréciation aux tribunaux.

Qu'il jouisse de ses droits civils et qu'il en ait le libre exercice.

Qu'il jouisse d'une bonne réputation (art. 355).

La faculté d'adopter est accordée aux femmes comme aux hommes, aux célibataires comme aux personnes mariées.

La loi exige du côté de l'adopté :

Qu'il soit majeur, de vingt-un ans accomplis (art. 346).

Qu'il jouisse de ses droits civils.

Qu'il obtienne le consentement de son père et de sa mère, à moins que l'un d'eux soit décédé, ou se trouve dans l'impossibilité de manifester sa volonté par exemple par suite d'interdiction ou d'absence déclarée, et dans ce cas le consentement de l'autre suffit (art. 346).

Après l'âge de vingt-cinq ans, le consentement des père et mère pourra être remplacé par la production d'un acte respectueux ou requisition de leur conseil (art. 346). Il y a une grande analogie entre l'adoption et le mariage, quant au consentement et au conseil à demander aux père et mère; toutefois, la loi laisse entre les deux cas des différences notables; ainsi pour l'adoption, une seule requisition suffit; il n'y a pas de distinction pour l'âge entre les fils et les filles.

Lorsqu'il n'y a ni père ni mère, la loi n'exige pas le consentement des aïeuls et aïeules : l'adoption étant loin d'exercer la même influence que le mariage sur la destinée des enfants, c'était assez d'exiger d'eux, un hommage envers les auteurs directs de leurs jours. C'est par le même motif, qu'après vingt-cinq ans, ils ne doivent demander le conseil de leurs père et mère qu'une seule fois par acte respectueux. Il est évident qu'ils ne doivent jamais demander le conseil des ascendants supérieurs.

Qu'il n'ait point encore été adopté à moins que ce ne soit par le conjoint de l'adoptant (art. 344). On n'a pas voulu qu'un enfant pût avoir même fictivement plusieurs pères où plusieurs mères ; il fallait une imitation de la nature. Mais à l'inverse, il pourrait y avoir plusieurs adoptés par le même individu. Deux époux pourraient-ils être adoptés par la même personne ? On repousse l'affirmative en se fondant sur ce que les époux devenant frère et sœur par l'adoption, le mariage qui serait interdit entre eux s'ils étaient déjà adoptés, devient par la même raison un obstacle à l'adoption ; mais le motif de décider ainsi, n'existe plus entre deux époux ; car le lien de mari et de femme qui existe déjà entre eux, est bien plus fort que celui de fraternité, et l'on n'a plus à craindre de désordre moral. Aussi admettons-nous l'adoption.

Aucune autre condition n'est exigée du côté de l'adopté.

Du reste, on peut adopter des femmes comme des hommes, des individus mariés comme des célibataires.

On est divisé sur la question de savoir si le mari peut être adopté sans le consentement de la femme et réciproquement la femme sans le consentement du mari. Il semble que les objections faites contre l'impossibilité absolue d'être adopté sans le consentement du conjoint tombent devant cette considération que les mêmes motifs n'existent plus comme dans le cas de l'article 344 , c'est-à-dire lorsqu'il s'agit d'adopter. Le contrat est presque entièrement pour l'époux soumis à l'adoption, un contrat de bienfaisance, et il serait injuste que le caprice ou le

mauvais vouloir de son conjoint vint l'empêcher
d'en profiter ; quant aux engagements qu'il peut
entraîner à raison des obligations d'aliments, le
mari peut les prendre, en dehors de l'adoption, sans
critique de la part de la femme ; et quant à cette
dernière, ces engagements sont trop incertains et
trop peu importants pour qu'ils puissent motiver
de la part du mari un refus absolu. On doit rester
dans le droit commun et la justice pourra autoriser
la femme ; seulement les obligations pécuniaires
qui en découleraient ne pourraient, dans ce cas,
s'exécuter sur les biens de la communauté, ni
préjudicier en rien aux droits du mari sur les biens
de la femme.

§ II. FORMES DE L'ADOPTION.

L'adoption étant un contrat qui intéresse la morale et la société, doit être soumise à des formalités
rigoureuses et à une surveillance spéciale de la justice. Aussi la loi prescrit-elle une procédure extraordi-
naire. Les formalités requises se rattachent à quatre
sortes d'actes nécessaires pour son accomplissement:
le contrat, l'envoi au procureur impérial d'une
expédition de ce contrat, la sanction de la justice
et l'inscription de l'arrêt d'adoption sur les registres
de l'état civil.

La personne qui se propose d'adopter et celle qui
veut être adoptée se présentent devant le juge de paix
du domicile de l'adoptant pour y passer acte de

leur consentement (art. 353). Nous pensons qu'on pourrait se faire représenter par un mandataire porteur d'un pouvoir spécial et authentique.

Dans les dix jours qui suivent, la partie la plus diligente en remet une expédition au procureur impérial près le Tribunal civil du ressort de l'adoptant (art. 354). Cette remise doit être accompagnée d'une requête à fin d'homologation adressée au Tribunal.

Le Tribunal réuni en chambre du conseil et après s'être procuré les renseignements convenables, vérifie 1° si toutes les conditions de la loi sont remplies; 2° si la personne qui se propose d'adopter jouit d'une bonne réputation (art. 355). Après avoir entendu le procureur impérial et sans autre procédure, le Tribunal prononce sans énoncer de motifs dans la forme suivante: *Il y a lieu*, ou *il n'y a pas lieu à l'adoption* (art. 356). Dans le mois qui suit le jugement, la partie *la plus diligente* le soumet à la cour d'appel en transmettant les pièces au Procureur général, et la cour d'appel après avoir instruit dans les mêmes formes que le Tribunal de première instance et sans énoncer de motifs, prononce ainsi: *le jugement est confirmé* ou *le jugement est réformé;* en conséquence, *il y a lieu* ou *il n'y a pas lieu à l'adoption* (art. 357). Tout arrêt de cour d'appel qui admettra une adoption sera prononcé à l'audience et affiché en tels lieux et en tel nombre d'exemplaires que la cour jugera convenable (art. 359).

La loi ne prononçant pas de nullité pour l'inobservation des délais ci-dessus relatifs à la remise des pièces au procureur impérial et au procureur général, aucune considération ne paraît assez décisive pour faire prononcer une déchéance si on y avait apporté quelque retard.

Les formalités que nous venons d'indiquer et l'arrêt de la cour ne rendent pas l'adoption parfaite; il faut que dans les trois mois de cet arrêt, la partie *la plus diligente* le fasse inscrire sur les registres de l'état civil du lieu où l'adoptant sera domicilié ; et faute de cette inscription, l'adoption est considérée comme non avenue (art. 359) ; ici la loi est formelle pour la déchéance.

Mais il peut se faire que l'adoptant ou l'adopté vienne à mourir après la rédaction de l'acte devant le juge de paix et avant la consommation de l'adoption : quelle sera dans ce cas la position respective des contractants ?

Si l'adoptant vient à mourir après que l'acte constatant la volonté de former le contrat d'adoption a été reçu par le juge de paix et porté devant les tribunaux et avant que ceux-ci aient définitivement prononcé, l'article 360 nous fournit la réponse : l'instruction sera continuée et l'adoption admise s'il y a lieu ; les héritiers de l'adoptant pourront intervenir en remettant des mémoires et observations au procureur impérial ou général. Mais si le décès arrivait avant que l'acte eût été remis au procureur impérial, quelle serait la solution à donner ? Il semble qu'elle doit être la même. En effet, qu'est-

ce qui constitue pour les parties la perfection du
contrat ? c'est le consentement donné devant le juge
de paix : une fois ce consentement donné, il ne dé-
pend plus de l'une d'elles de le résoudre ; les formalités qui suivent concernant la sanction de la justice, sont indépendantes des parties et ne demandent
pas leur concours mutuel ; *la partie la plus diligente* remettra une expédition de l'acte, etc. Il est
donc évident que la sanction de la justice n'est re-
quise que dans l'intérêt de la société, et que le changement d'état, l'incapacité, le décès même des parties ne peut rien changer à un contrat qui est parfait
pour elles ; aussi le décès de l'adoptant à quelque
époque qu'il arrive ne saurait le résoudre ni empêcher la sanction du tribunal. La loi est muette sur
le cas du décès de l'adopté ; mais les motifs sont les
mêmes pour donner la même solution. Les descendants, les héritiers même de l'adopté n'ont-ils pas
déjà un intérêt né et actuel à la consommation de
l'adoption ?

Tant que l'adoption ne sera pas consommée, les
parties pourront résoudre le contrat, qu'il leur
serait en définitive facultatif de rendre nul en ne
faisant pas inscrire l'arrêt dans les trois mois, parce
qu'il n'y a encore que leur intérêt privé qui soit
engagé ; mais une fois l'adoption consommée, il n'y
a pas de résolution possible ; ce n'est plus un contrat bilatéral simple, mais un contrat social qui, une
fois consommé, est comme le mariage, indissoluble
par la volonté des parties.

Une grave question a été agitée par la doctrine ;
c'est celle de savoir si on peut attaquer une adoption consommée et dans quelle forme. Pour résoudre cette question, il faut, ce nous semble, considérer d'abord l'essence de l'adoption. Au point de vue
du droit, ce n'est autre chose qu'un contrat soumis
par conséquent aux conditions générales de validité des contrats. S'il lui manquait une des conditions nécessaires à son existence, si par exemple on
avait trompé la justice par la production de fausses
pièces, de faux actes de naissance, il n'y aurait
pas de contrat; si, au contraire, il se trouvait vicié par
une cause d'annulation, telle qu'un consentement
donné par erreur ou arraché par violence, il exis-
terait, mais entaché d'un vice d'annulation. C'est
donc un contrat qu'il s'agit d'attaquer, et ce ne sera
le cas de se pourvoir ni par le recours en cassation,
ni par la tierce opposition, ni par la requête civile
contre l'arrêt d'adoption, mais d'attaquer le contrat
par action principale. Lorsque l'adopté voudra réclamer un droit en se fondant sur sa qualité d'adopté,
on devra lui opposer par voie d'exception, la non
existence ou le vice du contrat; si, au contraire, il
était déjà en possession de ce droit qui n'aurait pas
encore été contesté, on agira par action principale
contre l'adopté. Telles sont les conséquences qui
nous paraissent découler des principes que nous
avons admis.

§ III. Effets de l'adoption.

Les effets qui découlent de l'adoption tiennent les uns à des rapports de considération morale, les autres à des rapports d'intérêts. Ils se rattachent soit à la transmission du nom, soit à l'état de famille, soit aux droits de successibilité; presque tous sont personnels à l'adoptant et à l'adopté. La famille de l'adoptant reste étrangère à l'adopté, celle de l'adopté à l'adoptant, et à plus forte raison les deux familles entr'elles.

L'adopté ajoute à son nom celui de l'adoptant (art. 347); si c'est une femme qui adopte, elle donne son nom de famille à l'adopté; celui de son mari n'est pas à elle; elle ne peut disposer que du sien.

Le mariage est prohibé entre l'adoptant, l'adopté et ses descendants; entre les enfants adoptifs du même individu; entre l'adopté et les enfants qui pourraient survenir à l'adoptant, entre l'adopté et le conjoint de l'adoptant et réciproquement entre l'adoptant et le conjoint de l'adopté. (Art. 348).

L'adopté restera dans sa famille naturelle et y conservera tous ses droits (art. 348). Ainsi l'adopté conservera dans sa famille tous ses droits de succession; ses père et mère continueront d'exercer tous les droits attachés à la puissance paternelle, notamment celui de consentir à son mariage, la tutelle légale, le droit d'administration et de jouissance sur ses biens dans les cas prévus par la loi.

4

L'obligation mutuelle de se fournir des aliments qui existe et qui continuera d'exister entre l'adopté et ses père et mère est considérée comme commune à l'adoptant et à l'adopté l'un envers l'autre. (Art. 349).

L'adoption engendre par rapport à l'adoptant et à l'adopté les prohibitions, incapacités et présomptions établies par les articles 251, 911, 975 et 1100 du Code civil, 268 du Code de procédure, 322 du Code d'instruction criminelle, et qui se rapportent à l'incapacité de tester en justice, d'être témoin dans des actes notariés et à la nullité de certaines donations faites à personnes interposées.

Elle soumet l'adopté à l'obligation d'honorer et de respecter l'adoptant.

Le droit le plus important qui découle de l'adoption est celui de succession conféré à l'adopté sur les biens de l'adoptant. L'art. 350 lui confère sur l'hérédité de ce dernier tous *les droits successifs* d'un enfant *né en légitime mariage*, et ce, conjointement avec tous les autres enfants qui lui seraient nés depuis. Ce principe qui a pris naissance dans des considérations de morale, d'affection, de bienfaisance et dans les liens de la parenté créé entre l'adoptant et l'adopté, entraîne des conséquences d'une grande importance : l'adopté exclut de la succession de l'adoptant les collatéraux et les ascendants ; il vient par tête avec les enfants légitimes et il réduit les enfants naturels à la quotité fixée par l'article 757. Il jouira du droit de réserve semblable à celui de l'enfant légitime, et ce droit s'exercera sur les biens existants au moment du décès de l'adoptant et sur ceux dont il aurait disposé par actes entre-vifs.

Des questions assez importantes se rattachent aux dispositions de l'article 350 ; examinons les plus saillantes. La révocation d'une donation dans le cas de l'art. 960, aura-t-elle lieu par suite de l'adoption? Nous pensons, en nous appuyant sur le texte, comme sur l'esprit de la loi, que cette révocation ne saurait avoir lieu par suite de l'adoption. L'art. 960 a eu en vue un enfant réellement né et il l'a exprimé par ces mots : *la survenance d'un enfant légitime* : à la famille réelle et à la naissance seules est attaché ce droit de révocation; l'adoption n'est qu'une filiation fictive et ne donne à l'adopté que des droits de succession ; dès lors elle sera impuissante pour opérer la révocation d'une donation antérieure. Seulement l'adopté profiterait de la révocation qui aurait lieu par suite de la survenance d'enfants depuis l'adoption. —Mais si cette révocation n'a pas lieu, la réserve pourra-t-elle s'exercer sur les biens compris dans une pareille donation? Au premier coup d'œil, on serait tenté de refuser le bénéfice de la réserve sur ces biens; il semble que ce serait un moyen indirect de révoquer la donation pour partie au moins. Un peu d'examen conduit à rejeter cette opinion ; le droit de réserve est attaché à la succession et à la qualité de l'héritier; toutes les fois qu'il y a une réserve, elle s'exerce dans les limites, sur les biens et suivant le mode déterminés

par les art. 913 et suivants du Code civil; si l'adopté
a une réserve, il devra l'exercer suivant le mode et
sur les biens déterminés par la loi et sans restric-
tion aucune. Remarquons au surplus, que presque
toujours les biens donnés ne seront pas entamés ou
ne le seront en tous cas que pour partie, et que ce
ne sera plus la révocation de l'art. 960, mais bien
la loi de la réserve qui opérera cette réduction.
Quelque injuste, du reste, que semble paraitre cette
opinion, la logique veut que toutes les fois qu'on
a admis un principe on en admette les conséquences. On doit conclure aussi que l'adopté fera
opérer la réduction de l'art. 1098, cet effet étant
attaché, non à la qualité d'enfant, mais à celle d'enfant héritier légitime ; mais il ne pourrait empêcher
un retour conventionnel.

Ce droit de succession ne doit pas s'arrêter à l'a-
dopté, il s'étend aussi à ses descendants, mais à ses
descendants légitimes seulement, (art. 351). Car les
effets de l'adoption doivent s'étendre à la descen-
dance légitime avec laquelle l'adoptant conserve une
parentée fictive et qu'il a dû nécessairement avoir
en prévision. Les enfants adoptifs ou naturels ne
pourraient jouir de la représentation.

Nous arrivons à l'examen des droits conférés à
l'adoptant sur les biens de l'adopté ; ils ne sont point
réciproques et sont bien moins étendus que ceux
d'un ascendant ordinaire. L'adoption, en effet, ne
devait pas procurer à l'adoptant un avantage pécu-
niaire. L'article 351 lui permet de venir recueillir

par droit de retour dans la succession de l'adopté mort sans descendants légitimes, les objets qu'il lui aurait donnés; ce droit est aussi ouvert au profit des descendants de l'adoptant soit pour les objets par lui donnés, soit pour ceux recueillis dans sa succession. L'art. 352 permet encore à l'adoptant d'exercer ce droit dans la succession des descendants de l'adopté s'il leur survit; mais ce droit lui est réservé exclusivement sans que ses descendants puissent en profiter. Tous les autres biens de l'adopté et de ses descendants retournent à leurs propres parents, et à défaut de parents à l'époux survivant ou à l'Etat. Ce droit de retour n'est autre que celui accordé par l'article 747 du Code civil. Un enfant adoptif serait un obstacle au droit de retour; mais pour que ce droit puisse s'exercer, il faut que les objets existent en nature, et que la succession soit *ab intestat*. Nous estimons toutefois que l'adoptant succèderait à l'action en réméré, en rescision et en nullité comme dans le cas de l'article 747. Les principes sont les mêmes; ces diverses actions auraient pour résultat de faire rentrer la chose vendue dans la masse héréditaire, et c'est le cas d'appliquer ce principe: *qui habet actionem ad rem recuperandam, rem ipsam habere videtur.* Nous lui accordons le même droit pour l'action en paiement du prix encore dû. L'exercice de ce droit de retour n'ayant lieu qu'à titre de succession, l'adoptant ou ses descendants devront contribuer aux dettes de la succession de l'adopté et respecter toutes les charges

dont ce dernier aurait grevé l'objet donné et les alié-
nations qu'il en aurait pu faire, soit à titre onéreux,
soit à titre gratuit.

DEUXIÈME PARTIE.

DE L'ADOPTION RÉMUNÉRATOIRE.

A côté de l'adoption ordinaire, il en existe une
dont la dénomination indique la cause ; c'est l'adoption rémunératoire par laquelle l'adoptant veut ré-
compenser les services que lui a rendus l'adopté.
Mais il ne suffit pas de toutes espèces de services ; il
faut que l'adopté ait sauvé la vie à l'adoptant, et de
plus qu'il l'ait fait dans des circonstances qui aug-
mentent encore le mérite du service rendu. Tel est,
sans aucun doute, le sens de l'article 345 qui, au
lieu d'exiger seulement que l'adopté ait sauvé la
vie à l'adoptant, ce qui eût été simple à dire, demande qu'il l'ait fait dans un combat, en le retirant
des flammes ou des flots. Mais d'un autre côté, la
raison se refuse à admettre, comme le fait Toullier
(II, 980), que ces trois circonstances soient les seules qui permettent l'adoption rémunératoire. Si c'est
en se jetant sous le poignard de l'assassin qu'un
jeune homme a sauvé la vie à une personne, son
action n'est-elle pas aussi méritoire que s'il l'avait
fait dans un combat proprement dit ? L'article 345
est indicatif et non pas limitatif; il pose une ré-

gle dont l'application aura lieu toutes les fois que
l'adopté aura sauvé la vie à l'adoptant par un acte
de courage dans lequel il exposait la sienne. L'appréciation en sera faite par la justice.

L'adoption rémunératoire est dispensée par l'article 345 de quelques unes des conditions exigées
pour l'adoption ordinaire. Ainsi il n'est pas nécessaire que l'adoptant ait cinquante ans, qu'il ait quinze
ans de plus que l'adopté, qu'il lui ait donné six ans
de soins en minorité. Il suffit que l'adoptant soit majeur, plus âgé que l'adopté, sans enfants ni descendants légitimes, et s'il est marié que son conjoint
consente à l'adoption ; quant aux autres conditions
exigées pour l'adoption ordinaire, aux formes à sui-
vre et aux effets produits, ils sont les mêmes que
ceux de cette adoption.

CHAPITRE II.

De la Tutelle officieuse et de l'adoption testamentaire.

Les conditions exigées pour l'adoption ordinaire
auraient pu quelquefois être un obstacle à la bienfaisance qui n'est pas le moindre but que se soit
proposé le législateur dans cette institution ; aussi il
a apporté une modification à ces conditions en créant
l'adoption testamentaire. Ce mode d'adoption se
liant intimement à la tutelle officieuse qui lui donne

naissance, il est nécessaire de commencer par traiter de cette dernière. La tutelle officieuse peut être
envisagée sous plusieurs points de vue; comme contrat de bienfaisance, comme tutelle et comme moyen
préparatoire à l'adoption. C'est une disposition toute
nouvelle introduite par notre législation. Nous allons parcourir les conditions, les formes et les effets de cette tutelle qui nous amèneront naturellement à l'adoption testamentaire.

La personne qui veut se charger d'une tutelle officieuse, doit être âgée de cinquante ans accomplis,
n'avoir ni enfants, ni descendants légitimes ou légitimés, obtenir, si elle est mariée, le consentement
de son conjoint (Art. 361 et 362); il faut aussi
qu'elle soit apte à gérer une tutelle. Cependant cette
aptitude doit se concilier avec l'adoption ; car une
femme qui ne peut, en principe, gérer une tutelle
ordinaire, peut se charger d'une tutelle officieuse,
puisqu'elle peut adopter. Il faut que le mineur qu'il
s'agit de soumettre à cette tutelle soit âgé de moins
de quinze ans (Art. 364), et ne soit pas déjà en tutelle officieuse, sauf sous celle du conjoint de la personne qui se propose de l'y soumettre.

La loi exige le consentement de celui qui veut devenir tuteur officieux, et en outre des père et mère
ou du survivant sous l'autorité desquels se trouve
l'enfant qui doit être soumis à la tutelle officieuse.
A défaut de père et mère on a recours au consentement d'un conseil de famille, ou si l'enfant n'a pas
de parents connus, au consentement des administra-

teurs de l'hospice où il aura été recueilli, et s'il ne
se trouve pas dans un hospice, à celui de la muni-
cipalité du lieu de sa résidence (Art. 361).

La seule formalité qui soit exigée consiste dans la
constatation du consentement des personnes dont on
vient de parler, dans un acte passé devant le juge
de paix du domicile du mineur. Cet acte renfermera
aussi les conventions particulières qui pourraient
intervenir entre les parties relativement à la tutelle
officieuse (Art. 361) ; par ces conventions, on entend
parler principalement de la fixation d'une indemnité, soit pour le cas ou le tuteur officieux viendrait
à mourir avant le temps requis pour adopter, soit
pour celui où l'adoption n'aurait pas lieu.

Les effets produits par la tutelle officieuse se rapportent aux biens et à la personne du mineur. — Si
le pupille a quelques biens et s'il était antérieurement en tutelle, l'administration de ses biens, comme
celle de sa personne passera au tuteur officieux qui
ne pourra néanmoins imputer les dépenses de l'éducation sur les revenus du pupille (Art. 365). Il en résulte clairement qu'il incombe au tuteur l'obligation d'élever, nourrir et entretenir le pupille jusqu'à
sa majorité. En outre, il doit, comme nous le verrons tout-à-l'heure, fournir plus tard à ses besoins,
soit en l'adoptant, soit en lui procurant une profes-
sion ou un métier par lesquels il puisse gagner sa vie.

En ce qui concerne les biens et la personne du
pupille, le texte de la loi, si on le suivait gram-
maticalement, conduirait à une grave méprise. Ces

mots : si le pupille a quelques biens et s'il était antérieurement en tutelle, etc., sembleraient supposer
que l'administration des biens et de la personne ne
passeront au tuteur officieux qu'autant que le pupille serait précédemment en tutelle. Cette inter-
prétation serait une erreur. Quelquefois il peut arriver que bien que le pupille fût en tutelle antérieure,
le tuteur officieux n'aura pas l'administration de
ses biens, comme par exemple si la jouissance en
appartenait à son père ou à sa mère, l'enfant étant
déjà en tutelle ; comme aussi il pourra se faire qu'il
ait cette administration alors que le pupille n'était
pas en tutelle antérieure, comme s'il avait des biens
non soumis à la jouissance de ses père et mère. Ainsi
le sens véritable de la loi est que le tuteur officieux
aura l'administration des biens du pupille, toutes
les fois que ce dernier en aura la jouissance, et que
l'administration de sa personne lui passera toujours.
Remarquons que le tuteur officieux aura seulement
l'administration de la personne du pupille ; il fallait
qu'il eût pour son éducation une pleine latitude ;
mais tous les droits attachés à la puissance paternelle, autres que ceux relatifs à l'administration de
la personne et qui ne seraient pas incompatibles
avec ceux donnés au tuteur officieux, resteront aux
père et mère naturels.

Un des effets principaux de la tutelle officieuse
est, en outre, de préparer à l'adoption. Si le tuteur
officieux, après cinq ans révolus depuis la tutelle
et dans la prévoyance de son décès avant la majorité

du pupille, lui confère l'adoption par acte testamentaire, cette disposition sera valable pourvu que le tuteur officieux ne laisse point d'enfants légitimes (Art. 366). Il faut donc, pour que cette adoption produise son effet, que le testament soit fait après les cinq ans accomplis, pour qu'on ait le temps d'apprécier si le pupille en est digne. Le testament fait avant les cinq ans serait, en ce qui concerne la disposition de l'adoption, censé émaner d'un incapable. Le décès de l'adoptant doit arriver pendant la minorité du pupille et il faut que le testament produise son effet ; enfin, le testateur ne doit laisser en mourant aucun descendant légitime. Il suffit que les enfants n'existent plus à son décès, époque à laquelle le testament produit son effet et confère l'adoption. Néanmoins, vis-à-vis du mineur, cette adoption ne sera définitive qu'autant qu'à sa majorité il la maintiendra, et il y aura ratification dès qu'il ne manifestera pas expressément l'intention de renoncer au bénéfice de l'adoption.

Mais il pourra arriver que le tuteur officieux meure avant les cinq ans voulus pour adopter, qu'il meure après, sans avoir adopté, et même qu'il refuse d'adopter. La loi a prévu ces différents cas et a déterminé dans chacun les obligations auxquelles il est tenu. Si le tuteur officieux vient à mourir avant les cinq ans, ou après ce temps sans avoir adopté son pupille, il sera fourni à celui-ci durant sa minorité des moyens de subsistance, dont la qualité et l'espèce sont réglés soit amiablement entre les représentants respectifs du tuteur et du pupille, soit judiciairement en cas de contestation, s'il n'y a été antérieurement pourvu par une convention formelle. Cette convention est celle dont parle l'article 361.

Si à la majorité du pupille le tuteur officieux veut l'adopter et que ce dernier y consente ; il est procédé suivant les formes ordinaires et sous les conditions de droit commun (art. 368).

Arrivons maintenant au cas où l'adoption n'aurait pas lieu par suite du refus du tuteur officieux. Ce dernier devra sur les requisitions qui lui seront faites se prononcer dans les trois mois de la majorité du pupille, et s'il refuse d'adopter et que celui-ci ne soit pas en état de gagner sa vie, il pourra être condamné à indemniser le pupille de l'incapacité où il serait de pourvoir à sa subsistance. Cette indemnité se résoudra en secours propres à lui procurer un métier ; le tout sans préjudice des stipulations qui auraient pu avoir lieu dans la prévoyance de ce cas (art 369). Nous pensons que le délai de trois mois n'est pas de rigueur contre le pupille, qui ne pourra pas poursuivre le tuteur avant ce temps, mais qui conservera néanmoins ses droits pour agir tant qu'ils ne seront pas frappés de prescription. Il est à observer que le tuteur *pourra* et non pas *devra* être condamné ; en effet, si le pupille, par son inconduite ou par d'autres motifs graves, était indigne de l'adoption, le tuteur aurait bien raison de ne pas l'adopter. Les tribunaux seront juges des motifs.

Si l'adoption a lieu, elle produit, au surplus, tous les effets de l'adoption ordinaire.

Le tuteur officieux qui aurait eu l'administration de quelques biens pupillaires, en devra compte dans tous les cas (art. 370). A cette disposition se rattachent des questions d'une certaine importance, sur lesquelles le texte est muet ; ainsi, y aura-t-il au cas de tutelle officieuse, un conseil de famille? Nommera-t-on un subrogé tuteur? Le tuteur sera-t-il grevé d'une hypothèque légale? Ces questions nous paraissent devoir être résolues au moyen d'une distinction qui résulte de la nature même des choses.

En effet, la tutelle officieuse ne peut pas être confondue avec la tutelle proprement dite ; celle-ci est une charge que la loi impose dans des circonstances impérieuses sous des conditions rigoureuses et indispensables à une bonne administration des biens du mineur ; l'autre est un pur acte de bienfaisance exercé en faveur d'un enfant qu'on espère adopter plus tard. On ne peut pas, dans le silence de la loi, transporter d'un cas à l'autre des rigueurs qui sont nécessaires dans le premier et inutiles dans le second. Mais il pourra arriver que le tuteur officieux, soit en même temps tuteur ordinaire : eh bien, quand la tutelle officieuse sera seule, on n'appliquera pas les règles rigoureuses dont il s'agit, parce que la loi ne les exige pas ; ce serait entraver par des rigueurs inutiles l'accomplissement d'un bienfait. Au contraire, lorsqu'il y aura aussi tutelle ordinaire, on les appliquera toutes, parce que la loi n'en dispense pas pour ce cas.

CHAPITRE III.

Examen de questions relatives à l'adoption.

Nous avons cru devoir réserver pour un chapitre spécial à raison de l'intérêt et des développements qu'elles comportent, l'examen de quelques questions importantes se rattachant à cette matière. Nous examinerons successivement l'adoption d'un enfant naturel reconnu , celle faite par un prêtre catholique et celle d'un étranger.

PREMIÈRE QUESTION.

Un enfant naturel peut-il être adopté par son père ou sa mère qui l'a reconnu?

Cette question est sans contredit une des plus importantes que notre Code ait soulevée, soit au point du vue juridique et social, soit sous le rapport des intérêts qui s'y rattachent. La lutte a commencé dans la doctrine et dans la jurisprudence dès l'origine de notre législation actuelle, et aujourd'hui encore elle est aussi vive que le premier jour. La Cour de cassation elle-même, après avoir varié dans sa manière de décider, semble n'avoir pas encore dit son dernier mot sur cette grave question.

Pour repousser l'adoption, on invoque :

1° L'incompatibilité existant entre le caractère de l'adoption et la qualité d'enfant naturel.

2° Des textes du code établissant cette incompatibilité et rendant l'adoption impossible dans ses conditions et dans ses formes.

3° Une impossibilité résultant de la loi sur les successions.

4° Et de hautes considérations de morale publique.

Quelques mots sur ces différents motifs :

1° L'adoption a pour objet essentiel d'établir, de créer entre deux personnes des rapports de paternité et de filiation, de leur permettre de s'appeler désormais des noms de père et de fils, de produire entr'elles une filiation qui emprunte à la nature son lien le plus intime, et le plus sacré. Or, le père et la mère naturels et leur enfant reconnu sont déjà unis aux yeux de la loi elle-même par les rapports de la paternité et de la filiation. Donc l'adoption est impossible ; le but qu'elle se propose est atteint ; il ne s'agit pas d'une incapacité mais d'une impossibilité substantielle.

2° Cette impossibilité se rencontre dans plusieurs articles du Code ; par exemple, l'article 346 exige que l'adopté qui n'a pas vingt-cinq ans rapporte le consentement de ses père et mère ; or, cette condition serait impossible de la part de l'enfant naturel vis-à-vis de son père qui serait lui-même l'adoptant. L'art. 347 déclare que l'adoption conférera le nom de l'adoptant à l'adopté en l'ajoutant au nom

propre de ce dernier ; or, la reconnaissance a déjà
conféré à l'enfant naturel le nom de son auteur.
L'article 348 annonce que l'adopté restera dans sa
famille naturelle ; l'article 349 ajoute que l'obligation alimentaire qui continuera d'exister entre ses
père et mère sera commune à l'adoptant et à l'adopté
l'un envers l'autre ; donc tous ces articles supposent
que l'adopté n'est pas déjà l'enfant de l'adoptant.
On invoque encore ce principe que l'adoption imite
la nature et, dit-on, elle a essentiellement pour but
de suppléer par une paternité fictive à l'absence de
la paternité réelle ; or, la fiction ne saurait concourir
avec la réalité, elle ne saurait créer ce qui existe.
On objecte aussi l'article 345, d'après lequel la
faculté d'adopter ne peut être exercée qu'envers
l'individu à qui l'on aura dans sa minorité pendant
six ans au moins fourni des secours ou donné des
soins non interrompus, article qui exige qu'ils
aient été donnés en vue de l'adoption ; or, le père
et la mère qui donnent des soins et fournissent des
secours à leur enfant, ne font que remplir un
devoir rigoureux. De même, l'enfant qui sauve
la vie à son père, ne satisfait lui-même qu'à l'accomplissement de ce devoir. Comment un père
pourrait-il s'attacher son fils par les liens de la
tutelle officieuse ? Il est déjà son père, il a la puissance paternelle ; comment pourrait-il contracter
l'obligation de nourrir son enfant, de l'élever et de
le mettre en état de gagner sa vie ? Est-ce que telle
n'est pas déjà la plus sacrée des ses obligations ?

3° Les articles 338, 908 et 911 fournissent un autre argument. La loi, dans l'intérêt de la morale publique, n'a pas voulu que les droits de l'enfant naturel dans la succession de ses auteurs fussent égaux à ceux de l'enfant légitime, et elle ne permet au père ou à la mère de cet enfant d'augmenter par aucun moyen la part qu'elle lui a faite; or, l'adoption serait un moyen indirect de conférer à l'enfant naturel la totalité de la succession de son auteur ; donc elle constituerait une fraude à la loi et une violation des articles 338 et 908.

4° On invoque enfin des considérations de morale publique. Admettre l'adoption de l'enfant naturel, c'est favoriser le désordre, encourager au relâchement des mœurs, éloigner du mariage ; c'est vouloir donner à l'enfant naturel un rang social que la loi, la société lui refusent ; c'est méconnaître ce principe : que le mariage est la base de la société, qu'il doit être seul la source de la famille, de toute parenté légitime ; c'est vouloir effacer un outrage fait à la société, ce qui est impossible. Du reste, s'il en était autrement, si l'on admet l'adoption de l'enfant naturel, pourquoi ne pas admettre non plus celle de l'enfant incestueux ou adultérin ? aucun texte non plus ne la défend.

Tels sont les motifs invoqués pour refuser le bénéfice de l'adoption à l'enfant naturel, par son père ou sa mère qui l'a reconnu. Ces motifs, quelque puissants qu'ils semblent être, ne nous paraissent pas décisifs pour admettre cette opinion :

5

Voici les moyens sur lesquels nous nous appuyons pour la combattre et admettre au contraire l'adoption.

1° Une incapacité ne peut jamais être prononcée si elle ne résulte de quelque disposition légale ; la capacité est la règle générale, l'incapacité l'exception (arg. des art. 902 et 1123) ; aucun texte de loi ne prohibe l'adoption, elle est donc permise.

2° A défaut de texte, on veut procéder par induction ; on invoque ce qu'on appelle une incapacité résultant de la nature des choses où de certaines dispositions du Code relatives soit à l'adoption elle-même, soit à la disponibilité des biens. Est-il vrai d'abord, qu'il y ait incompatibilité entre la qualité de père naturel et de père adoptif ? C'est comme si l'on disait qu'il y a incompatibilité entre la qualité de fils naturel reconnu et de fils naturel légitimé. Le père naturel est bien père légal, mais sa paternité n'est qu'imparfaite. Souvent au lieu de connaître les douceurs de la paternité, il n'en aura ressenti que les amertumes. Les liens qui l'attachent à son fils sont loin d'être parfaits ; ces liens seront complétés par l'adoption ; il y aura une nouvelle filiation plus avantageuse pour les parties et plus honorable pour la société. Qui oserait refuser au père le complément des jouissances, des droits et des liens qui résulteront de sa nouvelle paternité, et au fils, les mêmes avantages résultant de sa nouvelle filiation. Une incapacité qui résulte de la nature des choses, est partout et toujours la même ; nulle part, elle ne peut être outrepassée. Cependant, l'adoption qui nous occupe, était permise à Rome ; elle l'était aussi formellement par notre législation transitoire, et elle est tellement considérée de droit commun, que les législations modernes (voir les Codes de Prusse, de Sarde, de Bavière), qui ont voulu la prescrire, ont eu soin de l'exprimer par une disposition spéciale.

Il s'en faut de beaucoup que les dispositions des articles 346, 347, 348 présentent des inductions concluantes. Les conditions exigées par le Code civil sont de deux sortes, les unes absolues et les autres relatives : les premières sont toujours requises : ainsi l'âge de cinquante ans de la part de l'adoptant, l'absence de tout enfant légitime, la majorité de l'adopté, sont inévitables. Les autres, au contraire, sont relatives à la position personnelle de l'adopté et à des circonstances particulières et variables ; elles ne sont pas de l'essence de l'adoption ; elles sont ou elles ne sont pas requises suivant les cas. Il faut que l'adopté qui n'a pas vingt-cinq ans, rapporte le consentement de ses père et mère ; sans doute lorsqu'il les a encore ; mais s'il ne les a plus, s'il ne les a pas connus, s'ils ne peuvent manifester leur volonté, la condition est impossible. Cependant, elle n'empêchera pas l'adoption. L'adoption confère à l'adopté le nom de l'adoptant, sans doute lorsque les deux noms ne sont pas les mêmes ; mais, par exemple, si un neveu porte le même nom que son oncle, en conclurez-vous qu'il ne peut être adopté par lui, parce que cet effet de l'adoption serait alors impossible? Non certainement. Eh bien ! l'adoption de l'enfant naturel reconnu, n'est pas davantage interdite, parce que certaines conditions accidentelles ou certains effets secondaires de l'adoption ne pourront pas se réaliser. La loi a statué pour les cas ordinaires ; mais lorsque le principe est soumis à une exception, il faut admettre les modifications apportées par cette exception.

On exagère la condition exigée par l'article 345 ; on méconnaît le but intelligent et raisonnable de la loi ; ce qu'elle veut, c'est la preuve de certains rapports antérieurs, entre l'adoptant et l'adopté, de rapports de protection, de bonté de la part de l'un envers l'autre ; or, la paternité même, n'est-elle pas la meilleure garantie des sentiments que ces rapports ont dû cimenter ? Est-ce que la bienfaisance ne doit pas être permise et ne doit pas être exercée plus largement par un père envers son fils ? Refuser l'adoption, ce serait empêcher le complément de la bienfaisance qui serait impossible envers l'enfant tant qu'il conserverait sa qualité d'enfant naturel. Pourquoi refuser au père le droit de s'unir son fils par des liens plus forts, plus étroits et plus doux ? Si l'adoption doit être permise, et elle l'est, on doit aussi admettre la tutelle officieuse qui est un moyen pour y arriver.

L'argument tiré de ce que l'adoption est une imitation de la nature, n'est pas non plus concluant ; car, c'est une imitation imparfaite et une imitation fictive, qui subit les modifications exigées par les circonstances, comme, par exemple, pour l'adoption rémunératoire ; il n'y a aucune impossibilité juridique ni naturelle qui fasse obstacle à ce que la paternité fictive qui en résulte, concoure avec la paternité réelle et vienne dans ce cas la compléter.

3° Il est facile de détruire l'objection résultant des articles 338, 908 et 911. L'on n'a qu'à considérer que l'enfant naturel ne recueille plus la succession comme enfant naturel, mais comme enfant adoptif. Il est certain que tant qu'il sera enfant naturel, il sera incapable de recueillir au delà de la part héréditaire fixée par ces articles ; mais s'il change d'état, s'il recueille comme enfant adoptif, il n'y aura plus incapacité. L'enfant naturel peut si bien changer d'état, qu'il peut être légitimé. L'adoption lui donnera un nouvel état, ou mieux ajoutera à sa qualité d'enfant naturel celle d'enfant adoptif, au moyen de laquelle il cesse d'être soumis aux dispositions des articles précités, et vient recueillir la succession en vertu de l'article 350. Donc ces articles sont inapplicables ; l'adoption n'est pas une simple transmission de biens, c'est un acte de l'état civil.

4° On invoque la morale : est-il bien vrai que la morale coure un danger aussi grand qu'on veut le dire. Si pour garantir l'honneur du mariage, pour sauvegarder les principes de la famille et de la société, la loi a été obligée de frapper l'enfant naturel, de faire rejaillir sur lui une faute morale dont il est cependant innocent, il faut à ces rigueurs une juste

limite. Pourquoi la société outragée refuserait-elle
un pardon lorsqu'on se réhabilite à ses yeux ? L'a-
doption sera comme la légitimation, un moyen de ré-
habilitation. Il faut un mariage, dit-on ; mais si ce
mariage était devenu impossible par la mort ou la dé-
mence du père ou de la mère naturels; s'il était impossible par le refus de l'un d'eux ou par toute autre cir-
constance, pourquoi donc refuser à l'autre le moyen
de réparer autant qu'il est en lui, sa faute envers
l'enfant et son outrage envers la société? Supposez
même que les père et mère se marient pour réparer
leur faute, mais qu'ils oublient de reconnaître
préalablement leur enfant ; la légitimation n'a pas
eu lieu et n'est plus désormais possible. L'adoption
seule pourrait rendre cet enfant légitime vis-à-vis
de ses père et mère actuellement mariés; une telle
adoption ne serait-elle pas morale? Il y aurait d'autant plus d'imprévoyance et de dureté à défendre
l'adoption de l'enfant naturel, que cette défense de-
viendrait le plus souvent pour l'enfant, pour ses
père et mère, pour la société elle même, la source
d'un résultat très funeste. Il arriverait, en effet, que
le père ou la mère ne reconnaîtrait pas son enfant,
pour pouvoir l'adopter plus tard; et si la mort ou
des infirmités l'empêchaient de réaliser son projet,
l'enfant serait à jamais privé de son état et de ses
droits.

Qu'on n'objecte pas qu'on pourra aussi adopter
l'enfant adultérin ou incestueux ; car la loi (art.
331), en défendant la légitimation de cette classe

d'enfants, leur refuse tout changement d'état, et
défend *a fortiori* leur adoption. Au surplus, est-ce
que l'intervention de l'autorité judiciaire n'est pas
là pour sauvegarder les intérêts de la morale et de
la société?

5° Enfin, nous invoquons les travaux préparatoires
du Code. Le projet de l'adoption renfermait un article déclarant « que celui qui a reconnu un enfant
» naturel ne peut l'adopter ni lui conférer d'autres
» droits que ceux qui résultent de la reconnais-
» sance. » Cet article a été rejeté les 16 frimaire et
4 nivose en X, par le motif « qu'une telle disposi-
» tion était trop sévère et que le moyen ingénieux
» de faire succéder les enfants naturels comme en-
» fants adoptifs et non comme bâtards, conciliait
» la justice avec l'intérêt des mœurs » (Fenet, t. X,
p. 281, 319 et 339). Ainsi, l'intention du conseil
d'état n'est pas douteuse, il voulait défendre l'adoption de l'enfant naturel par le père ou la mère qui
l'a reconnu. Cette disposition a été rejetée par le
corps législatif; il est donc certain qu'on a voulu
admettre cette adoption. Pour détruire ce puissant
argument, on objecte que la discussion du titre de
l'adoption a été suspendue pendant onze mois et
que lorsqu'elle a été reprise, l'article du projet n'e-
xistait plus; qu'il est possible que s'il eût existé,
on l'aurait admis. Ce motif n'en est pas un ; car on
peut retourner l'argument et dire que rien ne ga-
rantit que le corps législatif l'eût décrété si on le lui
avait soumis; mais d'autres raisons plus concluan-

les viennent détruire cette supposition. Le conseil d'état en ne reproduisant pas cet article, voulait certainement admettre la disposition émise dans les séances des 16 frimaire et 4 nivose an X, c'est à dire admettre l'adoption de l'enfant naturel reconnu ; une loi, à moins qu'elle ne soit amendée, est toujours censée votée dans le sens où elle a été présentée; or, ce sens n'est pas douteux. Comment, du reste , supposer que l'assemblée législative eût oublié une disposition présentée et rejetée depuis onze mois? Comment supposer qu'on ne lui a pas communiqué au moins officieusement les procès-verbaux de la première discussion? l'intention du législateur ne peut pas être contestée sérieusement.

En présence de tous ces motifs, nous pensons que l'adoption de l'enfant naturel par son père ou sa mère qui l'a reconnu est juridique et morale et doit être admise ?

DEUXIÈME QUESTION.

Un prêtre catholique peut-il adopter?

Cette question n'est pas moins controversée que la première et fait comme elle l'objet d'une grande division dans la doctrine. Pour les uns, l'adoption est une conséquence du mariage et le mariage des prêtres étant, d'après eux, interdit, l'adoption l'est aussi. Pour les autres, au contraire, soit qu'ils admettent ou n'admettent pas la possibilité du mariage, l'adoption est permise.

Voici ce qu'objectent les partisans de la première opinion :

L'adoption imite la nature ; c'est une fiction de paternité légitime qui pour être conforme à la vérité, ne peut s'appliquer qu'à ceux qui auraient pu se marier, et avoir des enfants ; or, les prêtres catholiques ne peuvent se marier, les canons de l'Église reçus en France et qui ont force de loi, prononcent contre eux cet empêchement ; ils ne peuvent pas avoir d'enfants ; ils ne peuvent donc pas non plus adopter. Il est vrai, ajoute-t-on, que les lois de l'église n'ont pas en terme exprès prohibé l'adoption, mais c'est à l'esprit de la règle plutôt qu'à sa lettre qu'il faut s'attacher ; or, en défendant le mariage aux prêtres, l'Église leur a par cela même virtuellement défendu l'adoption. D'un autre côté, la vie du prêtre doit être consacrée entièrement à son ministère ; il a à remplir une mission de dévoûment et d'abnégation et sa famille à lui, c'est l'humanité ; l'adoption comme le mariage donnerait aux prêtre les soins, les embarras, les préoccupations de la famille et concentrerait ses affections dans le foyer domestique ; aussi, la plupart des législations étrangères ont-elles défendu l'adoption aux prêtres catholiques. (V. les codes Sarde, Bavarois, Autrichien, Prussien). Ces dispositions sont trop sages et trop conformes à la nature de l'adoption pour que notre législation n'ait pas voulu les consacrer.

Il faut distinguer dans les objections qui précèdent deux expèces d'éléments : les uns qui forment des arguments juridiques, les autres qui se bornent à des considérations religieuses, morales et politiques. Nous devons ici nous placer sur le terrain du droit civil, le seul où la question puisse recevoir une solution juridique, et nous allons démontrer que les arguments qui viennent d'être invoqués ne sont nullement concluants.

Est-il bien vrai d'abord que le mariage, au point de vue de la loi civile, soit interdit aux prêtres catholiques? Les canons de l'Église ont-ils en France force de loi civile, ou, au contraire, ne doit-on pas les considérer comme soumettant simplement les prêtres aux lois de la hiérarchie, aux règlements et à la discipline ecclésiastique envers le chef de l'Église? Mais là n'est pas la question à examiner ici; en admettant même pour eux l'incapacité du mariage, nous pensons qu'il est impossible de trouver quelque part l'incapacité de l'adoption.

On invoque les canons de l'Église; mais aucune disposition du droit canon ne défend au prêtre d'adopter. Loin de là, si nous recherchons dans les principes de la religion catholique, si nous remontons à son fondateur, voici ce que nous trouvons: Jésus Christ, sur le point d'être mis à mort par ceux qui voyaient dans ses doctrines nouvelles un élément destructif de leur pouvoir, recommande à sa mère de choisir pour son fils l'un de ses disciples, saint Jean: *dixit matri suæ: mulier, ecce filius tuus, deinde dixit discipulo: ecce mater tua, et ex illâ horâ accepit eam discipulus in sud.* (Evangile selon

saint Jean ch. XIX, v. 26 et 27). L'histoire nous
rapporte aussi l'adoption de Bozon (qui fut plus
tard roi d'Arles) par le pape Jean VIII. Aucune loi
civile non plus ne prononce contre le prêtre l'empêchement de l'adoption ; il en résulte donc que,
même d'après la théorie qui voudrait ériger en lois
dans l'ordre civil, les canons de l'église et les règles
de la discipline ecclésiastique, l'adoption lui est
permise. Il est vrai que plusieurs législations étrangères ont refusé au prêtre catholique le bénéfice de
l'adoption ; mais si les rédacteurs de notre Code qui
ont dû prévoir cette conséquence n'ont pas introduit
cette disposition, c'est qu'ils ont voulu que le prêtre
catholique pût jouir du bénéfice de l'adoption.

Maintenant, cette incapacité résulte t-elle, soit du
caractère de l'adoption, soit des conditions auxquelles elle est soumise, soit enfin, des effets qu'elle
produit ? Pas davantage. L'adoption dans son essence
est un acte de bienfaisance ; pourquoi refuser à un
prêtre l'accomplissement de ce bienfait ? Mais, dit-
on, c'est un équivalent du mariage ; le prêtre, incapable de se marier, ne peut donc pas adopter. Le
prêtre ne peut, sans crime, avoir de postérité légitime, donc il n'en peut avoir de fictive. Ces objections
ont le tort d'être basées sur de faux principes : l'a-
doption n'est point la fiction du mariage, mais la
fiction de la paternité ; en effet, un oncle peut adopter un neveu, l'adoption est permise au célibataire,
un mari seul peut adopter, on peut adopter deux
époux. Qu'on ne dise pas non plus que la qualité de

prêtre est incompatible avec celle de père. L'Église ne refuse pas l'entrée du sacerdoce à un homme veuf, quoiqu'il ait eu des enfants d'un mariage actuellement dissout. Donc la fiction qui lui donne un enfant n'est pas contraire à la vérité ou du moins à la possibilité. Que dirait-on d'un prêtre qui aurait reconnu un enfant naturel ? Cette reconnaissance, au point de vue des lois de l'Église, pourrait le soumettre à des mesures disciplinaires ; mais au point de vue du droit civil, elle serait parfaitement valable. Enfin, pour réfuter le dernier argument qui consiste à invoquer l'opinion de certains docteurs en théologie (lettre de M. Guillon, évêque de Maroc, du 7 janvier 1841), nous leur répondons que ce ne sont là que des opinions, et nous leur opposons l'opinion contraire d'autres docteurs (lettre de M. Affre, archevêque de Paris, du 2 juin 1841). Aussi, toutes les conditions, tous les effets de l'adoption, peuvent-ils sans le moindre obstacle, se réaliser dans la personne du prêtre catholique.

Les considérations que nous venons d'invoquer pourraient être mises en avant s'il s'agissait de faire la loi ; et si, au point de vue de la discipline ecclésiastique et de la constitution du clergé, il est souhaitable que le prêtre s'abstienne de l'adoption, aucun empêchement juridique ne s'oppose à ce qu'il puisse adopter.

TROISIÈME QUESTION.

Peut-on adopter un étranger ?

Cette question, quoique controversée, nous paraît moins difficile à résoudre.

Les partisans de l'adoption s'appuient sur ce que cette institution ne produisant aucun changement de famille, ni de nationalité, et se bornant à la transmission, par l'adoptant à l'adopté, de son nom et de ses biens, rien ne s'oppose à ce qu'elle s'accomplisse entre un Français et un étranger. On invoque aussi le droit romain qui permettait l'adoption d'un étranger.

Nous pensons néanmoins que l'adoption ne peut avoir lieu.

D'abord, quant au droit romain, il ne saurait être d'aucun appui ; l'adoption, chez les Romains, ayant lieu dans les comices assemblés, et par le peuple souverain, équivalait à une sorte de naturalisation qu'il était permis à celui-ci de conférer ; chez nous, il pourrait en être ainsi si on avait admis l'opinion qui voulait faire de l'adoption un acte politique reservé au pouvoir législatif ; mais c'est une institution du droit civil et il n'y a plus d'analogie à chercher dans le droit romain.

Les autres arguments n'ont guère plus de force. Ceux qui admettent l'adoption en font une institution contractuelle du droit des gens, ce qui nous pa-

rait une erreur.— Il y a deux sortes de droits civils:
les uns qui prennent leur source dans le droit des
gens, que la loi civile n'a pas créés, mais dont elle
n'a fait que reconnaître l'existence et régler l'exercice: tels sont le droit de propriété, né avec la Société, la vente, l'échange, le louage et la plupart des
contrats; tel est le droit d'agir en justice, tel est
même le mariage dont la loi n'a fait que réglementer les conditions et les solennités. Les étrangers
jouissent de ces droits en France, quoiqu'ils n'aient
pas été stipulés par les traités. La seconde classe
comprend ceux qui ne tirent point leur origine du
droit des gens, qui n'ont pas seulement été reconnus,
mais qui ont été créés par la loi civile, comme la tutelle, la capacité de succéder ou de transmettre la
succession *ab intestat*, celle de disposer ou
de recevoir entre-vif ou par testament.

Voilà les droits dont les étrangers sont en général
incapables. Dans laquelle des deux classes se range
l'adoption? Évidemment dans la seconde. L'adoption est une fiction, et une fiction est une création
du droit civil; c'est un acte de l'état civil dont le
but essentiel est de créer des rapports fictifs et pure-
ment civils de paternité et de filiation. Le droit de
successibilité n'en est au profit de l'adopté que la
conséquence; de telle sorte que même depuis la loi
du 14 juillet 1819 qui a permis aux étrangers de
recevoir et de succéder en France, l'adoption elle-
même ne leur est pas pour cela permise; car elle
n'est pas une simple désignation d'héritier, mais

une institution spéciale de nos lois civiles ; or, nos lois civiles sont faites uniquement pour les Français, à moins qu'une concession expresse ou tacite n'en ait communiqué le bénéfice aux étrangers, et il n'en existe aucune en ce qui concerne l'adoption. Donc les étrangers ne peuvent adopter ou être adoptés que dans les cas prévus par les articles 11 et 13 du Code civil.

POSITIONS.

—

DROIT ROMAIN.

1° L'adrogeant ne peut charger l'adrogé de rendre par fidéi-commis, les biens compris dans la quarte Antonine.

2° Le mariage est un contrat réel et la tradition de la femme est nécessaire pour sa validité.

3° La dot mobilière est aliénable,

4° La possession à titre précaire est une possession utile.

DROIT FRANÇAIS.

1° L'enfant renonçant ne peut avoir droit à la réserve; l'action en réduction existe contre lui pour ce qu'il aurait reçu au-delà de la quotité disponible.

2° La femme commune, soit qu'elle accepte la communauté, soit qu'elle y renonce, n'a vis-à-vis des créanciers de la communauté et sur les biens de cette communauté, qu'un droit de créance pour la répétition de ses biens mobiliers qui ne sont pas tombés en communauté et qui ont été retirés par le mari.

3° L'hypothèque n'est pas un droit réel.

4° La femme autorisée par son mari à faire le commerce peut, sans le concours de ce dernier, hypothéquer et même aliéner ses immeubles pour les faits de son commerce.

5° La femme du failli, qui a acquis des immeubles en son nom et qui ne justifie pas d'une manière régulière de la provenance des deniers qui ont servi à en acquitter le prix, ne peut pas conserver ces immeubles, en offrant de rembourser le prix aux créanciers.

DROIT CRIMINEL.

1° Le complice d'avortement n'est pas punissable, lorsque la tentative n'a pas été suivie d'avortement.

2° Le mari qui a porté contre sa femme une plainte en adultère, peut toujours arrêter la poursuite du ministère public, en retirant sa plainte.

DROIT INTERNATIONAL ET PUBLIC.

1° La femme qui épouse un étranger, n'a pas d'hypothèque légale dispensée d'inscription sur les immeubles qu'il possède en France.

2° Le lit d'une rivière non navigable ni flottable appartient aux propriétaires riverains.

6

82

Vu :

Le doyen de la Faculté de droit ;

F. TAULIER.

Vu :

Le recteur de l'Académie ;

QUET.

Suffragants :

MM. TAULIER, doyen, président.

BURDET, } professeurs.
JALABERT, }

COURAUD, } suppléants.
CANTEL, }

TABLE DES MATIÈRES.

84

CHAPITRE Ier.

DE L'ADOPTION ENTRE-VIF.

PREMIÈRE PARTIE. — DE L'ADOPTION ORDINAIRE.

DEUXIÈME PARTIE.

CHAPITRE II.

CHAPITRE III.

EXAMEN DE QUESTIONS RELATIVES A L'ADOPTION.